Željko Bojović

SUMATRAIZAM MILOŠA CRNJANSKOG

I0156698

Biblioteka
DIJALOG

Recenzent
MIRKO RADOJIČIĆ

CIP – Каталогизација у публикацији
Народна библиотека Србије, Београд

886.1/.2.01

БОЈОВИЋ, Жељко
    Sumatraizam Miloša Crnjanskog / Željko Bojović. –
Beograd : Rad, 1995 (Sopot : Metem). – 134 str. ; 21 cm. –
(Biblioteka Dijalog)

Registar.
ISBN 86-09-00402-3

886.1/.2.09-1
a) Црњански, Милош (1893–1977) – Поетика
b) Црњански, Милош (1893–1977) – Поезија
ID=40708108

ŽELJKO BOJOVIĆ

SUMATRAIZAM
MILOŠA CRNJANSKOG

IZDAVAČKO PREDUZEĆE „RAD"
Beograd, 1995.

PROLOG

... a duša nam znači jedan stepen više,
nebu, što visoko, zvezdano, miriše...

(Miloš Crnjanski, *Prolog*)

Mora da postoji univerzalija u koju se uklapa sve ono što je u nama i oko nas, sve vidljivo i nevidljivo što je ipak evidentno, sveobuhvatna univerzalija čiji se elementi nalaze u neposrednoj ili posrednoj vezi. Zbog toga nas, dok razmišljamo o nekom fenomenu, asocijacije, posredne ili neposredne, vežu za neke druge fenomene koji na prvi pogled nemaju ničeg zajedničkog sa inicijatorom asocijacija. Zato se u ovoj knjizi, koja govori o univerzaliji jednog književnog opusa, teze i zaključci mogu na prvi pogled učiniti isforsiranim, subjektivistički obojenim onom bojom koja je potrebna autoru kao potvrda njegovog stava. No, sama priroda univerzalije o kojoj će ovdje biti riječi govori protiv ovakvog zaključka, jer da bi ona egzistirala kao univerzalija, koheziona sila između svih njenih elemenata mora biti čvrsta, čak i onda kada nije površinski uočljiva. Autor se upravo i trudio da, pored lako uočljivih, i te veze afirmiše.

„To sam, mora biti, izmislio? Čula je da izmišljam takve veze. Kažem: nisam izmislio. Naišao sam na to, začuđen.“[1]

---

[1] Miloš Crnjanski, *Kod Hiperborejaca II, Sabrana dela*, Beograd. 1966. str. 207.

MILOŠ CRNJANSKI

(portret sa margina)

Niko u našoj, literaturi, izuzimajući Ivu Andrića, nije umio da oslika prizore iz života ljudi razotkrivajući u njima tako jednostavnim riječima, lako rješivim simbolima i razumljivom metaforikom zapretenost u ljudskom biću tajne njegovog bitisanja koje nikad niko nije, niti će biti, svjestan, metafizičku virtualnost koja se da samo osjetiti i na momente, u nekim čudesnim životnim situacijama, gotovo dovesti na prag svjesnog, toliko blizu da bismo se zakleli da smo je bili svjesni, kao što je to umio Miloš Crnjanski.

Njegove pjesme su balkanske RAGE koje u svojim prefinjeno iznijansiranim poetskim slikama naslikanim jednostavnim riječima nose magijsku atmosferu neiskazanog nečeg što čovjek želi svjesno da dokuči, a ne može. Otuda evropska rezignacija i melanholija. Istočnjacima je dovoljno što su u tome, ma to i ne shvatili. Zato su njihove RAGE mirne kao dječji san.

Crnjanski je životu prilazio u bijelim rukavicama, kao što mu prilazi virtuoz pijanista ili violinista čije ruke moraju ostati nepovrijeđene da bi ga pretočile u simfoniju. Ali, često su te rukavice Crnjanskog visile u ritama. Suviše je grubo i hrapavo bilo ono čega se laćao. A laćao se dosta toga što život nosi sobom i sve je to trebalo spojiti u literarnu celinu.

O univerzaliji koja njegovo djelo čini cjelovitim, univerzaliji iz koje proističe sve ostalo o čemu Crnjanski piše, pisaću u drugim poglavljima. I o prvim manifestacijama te univerzalnosti, posrednicima među širokom lepezom svakidašnjih događaja koje Crnjanski uzima za građu svojih književnih dela i vrhunske unije u koju se svi ti događaji po nekoj zakonitosti slivaju, pisaću kasnije. Odnosno, izložiću svoja zapažanja onim redom koji smatram najpogodnijim u strukturi ovoga rada.

Cjelokupno književno djelo Miloša Crnjanskog jeste mozaik misli iskazanih dosta jednostavnim jezikom. Jednostavnim, ali veoma refleksivnim u svom semantičkom aspektu. Njegov opus komponovan je od gusto zbijenih asocijacija tako da u skoro svakom novom pasusu otkrivamo nove opservacije i razmišljanja. Zbog toga je potrebno poći od prvih impresija zapisanih na marginama pročitanih knjiga koje nas, kao putokaz, uvode u „dublji" sloj autorovog umjetničkog stvaralaštva, a ovaj će nam opet razotkriti univerzaliju od koje Crnjanski nesvjesno polazi da bi se u nju svjesno vratio, poslije svih lutanja.

Ovo može biti uzrok, možda, na prvi pogled bez reda razbacanih zapažanja koja ne veže neka čvršća vidljiva nit. Ali ta nit postoji, to je ona nit unutrašnje povezanosti koja je odraz zahtjeva unutrašnjeg života osobenog djela Miloša Crnjanskog.

Crnjanskovi junaci, protagonisti njegove literature, kolebljivi su, istrzani. Uvijek sumnjaju u svoje postupke. Uvijek ih na pola puta do nekog cilja obuzme rezignacija. Nikada ne idu do kraja. Zato kod njih nema čistog duha i jasnog živovanja. Kada su u ratu, oni nisu u ratu, kada su u miru, nisu u miru. Često traže mirne lagune gdje odmaraju svoj duh od uzburkanog života. Oni svoje osjećaje ne izražavaju bučno i afektirano. Njihovi osjećaji su prefinjeno iznijansirani i uvijek uvijeni u neku blažu formu izraza. To, istovremeno, znači da se njegovi junaci ne upuštaju u njih do kraja. No, to je i razlog što njegova proza nosi jako lirsko obilježje. Jedna takva metafizička uznemirenost, udružena sa poetskim jezikom i načinom iskazivanja svojstvenog Crnjanskom, čini i njegovu prozu više lirikom nego epikom. Ponavljanjem iste rečenice (ili više njih) na pojedinim mjestima proznog teksta, Crnjanski stvara utisak refrena, pa cijeli tekst dobija poetsko obilježje.

Uzmimo za primjer *Svetu Vojvodinu* gdje se neke rečenice refrenski ponavljaju kroz cijeli tekst ili, još bolje, *Seobe* u kojima se naslov prvog poglavlja, *Beskrajni, plavi krug. U njemu, zvezda*, ponavlja pri kraju osmog poglavlja, tim naslovom počinje i zadnje, deseto poglavlje, da bi se u finalnom odlomku ovog poglavlja i prve knjige *Seoba* razložio u svoje pravo značenje i pojasnio svoju simboliku. Pored tog formalnog pjesničkog postupka i efekta, ovaj, uslovno da ga nazovemo, refren nosi u sebi kvintesenciju prve knjige *Seoba*, kvintesenciju koja je kontrapunkt života Vuka Isakoviča i njegov životni cilj. Dokučiti ono što znači ovaj simbolički iskaz znači napraviti sinkopu u svom životu, što je Vuk Isakovič htio, a nije mogao ostvariti.

Poetski jezik Crnjanskog je eksplicitniji kada govori o svom pesimizmu i pesimizmu svoje generacije. Njegovi stihovi tada imaju oblik poetizirane definicije i nisu izraženi traklovskim ili kosovelovskim pjesničkim oslikavanjem duhovnog ponora. On u prozi više dostiže i Traklov kolorit:

„Bilo bi nas svega troje u tom rumenom bregu, punom crnih kanonika.

Pred veče silazio bih onom belom ulicom što se spušta, razrivena od vode, kroz raspuklu žutu zemlju. Zastajao bih na uglovima, pred ledenim, strašnim, gvozdenim mostovima, gde stoje moje stare povezane prijateljice što vide samo na jedno oko i prodaju kestenje. Oh, kako bih pognuo glavu pred žarom!"[1]

Prisutno i mnogo puta analizirano interesovanje Crnjanskog za atmosferu starog, prohujalog vremena provlači se kroz cijelo njegovo književno djelo istaknuto pristrasnošću Crnjanskog za staro u sudaru starog i novog, mada ne baš tako drastično kao kod Laze Lazarevića. On opisuje sudar starog i novog i u drugim evropskim zemljama s diskretnom notom nostalgije za starim vremenima.

„Arno odnosi sav grad u žute, velike, svetle oblake. Tu, na vidnom, širokom lungarnu, red i udobnost, kao da Mediči još vladaju. Dug zid dvoraca uz reku, sa kapijama teškim kao gradske, i velikim grbovima. Pred njima se jede sladoled."[2]

Pored asocijacija na poeziju Georga Trakla, neki stihovi Miloša Crnjanskog podsjetili su me na poeziju Srečka Kosovela i njegova pjesnička pomračenja.

> Kad ćutke sedaš
>   do nogu mojih i gledaš
>   jesenje putove sumorne,
>   a usta ti poblede malo kriva
>   od bola,
>   ja osetim da si živa.

> (M. Crnjanski, *Mramor u vrtu*)

Ipak, to nije isto beznađe koje apostrofiraju ova dva pjesnika. Kod Crnjanskog je pesimizam i beznađe normalno stanje svijesti njegovih junaka koji su ih svejsni bez dramatiziranja i koji ih primaju s blagim osmijehom, posljedicom ljudske nemoći da se utiče na svoju sudbinu. Crnjanski pjeva u pjesmi *Život:*

> „Sve to ne zavisi od mene.
> . . . .
> . . . .
> Ne zavisi od mene
> . . . .
> . . . .
> Ne, ne od mene."

On kaže „da nismo gospodari svojih misli, ni svojih dela"[3] misleći na sumatraističku povezanost koja nije fatalizam, iako ima njegov diskretan prizvuk. Kakav je suštinski pesimizam Crnjanskog, najbolje se osjeti u pjesmi *Gardista i tri pitanja* u kojoj se gardista smiješi osmijehom Mona Lize (za koju Crnjanski nije vjerovao da ju je naslikao Leonardo) i u čijim je stihovima zapretena ona prava metafizika à la Crnjanski.

Junaci Crnjanskog u sebi nose neki nedefinisani nemir koji ih tjera na putovanja ili neke postupke i za njih same ponekad neočekivane. Čak i konkretnu uzročnost koja ih na nešto prisiljava, rat na primjer, Crnjanski uzdiže do neke univerzalne neuhvatljive kauzalnosti. On je uzročno posljedičnu povezanost uzdigao na tananije odnose, polivalentne odnose koji u sebi nose nešto mistično.

U književnom djelu Miloša Crnjanskog dominiraju uspravnost, ponositost, a iz toga obavezno proističe i usamljenost. Metafizika vode, nerješivost zagonetki ljudskog bitisnja, čudesni intimni doživljaji ljudi na granici sna i jave, stvarno i virtualno ispunjavaju književni opus Miloša Crnjanskog u kome se sve to raslojava i ponovo kondenzuje.

I pored sve ozbiljnosti, čak metafizičnosti, kroz prozu Crnjanskog provijava suptilni humor koji kao da je maliciozan podsmijeh svijetu oko sebe karakterističan za generaciju umjetnika kojoj je pripadao Crnjanski.

Sva ova zapažanja, prvi utisci zabilježeni kao impresije ili asocijacije, inicirana su sintetizovanim poimanjem svijeta u jednoj literaturi koja se iz nesvjesnog doživljaja jedinstva univerzuma raspršila u veliki spektar sudbina i životnih situacija, u heterogenost življenja, u pluralističku borbu na izgled drastičnih suprotnosti i kontraverznosti kakve život sobom nosi da bi se kroz ta stečena životna iskustva iskristalizovala u jednu sebi svojstvenu sintezu univerzalnog jedinstva, no ovaj put svjesnu. To je globalni razvitak cjelokupne literature Miloša Crnjanskog. Ali još dosta literarnih opusa ima sličan razvojni put, slično polazište i sličan cilj, da ne kažem, suštinski gledano, sva vrijedna literatura. Osobenost Crnjanskove literarne doktrine jeste medijum evalacije tog univerzalnog jedinstva – SUMATRAIZAM.

Sve ovo dalje što ću napisati pokušaj je utvrđivanja jedinstvenih zakonitosti koje vladaju u heterogenosti svega što postoji, odnosno afirmacije sumatraizma kao najšire katergorije u opusu Miloša Crnjanskog iz koje sve proističe i u koju se sve ponovo sublimiše, kao, uostalom, u svaku doktrinarnu univerzalnost.

Razmatranje je izdijeljeno na segmente u kojima se analiziraju pojedinačne kategorije za koje mislim da su nejrelevantniji elementi i problemi Crnjanskove literature. Nastojaću da u svima njima pojedinačno razotkrijem i ukažem na fundament sumatraizma na kome počivaju, na njihovu međusobnu povezanost, odnosno njihovu sublimaciju u univerzalnost sumatraizma, drugim riječima, na njihovu funkciju u sumatraizmu.

Miloš Crnjanski je, mislim da se sada to može reći, dorekao sebe kroz obiman opus koji je za sobom ostavio i mislim da se može napraviti sinteza, utvrditi osnovna misao vodilja njegovog književnog rada iz koje se sve razvijalo i u koju se sve stapalo kao krajnja poruka.

[1] M. Crnjanski, *Proza, Sabrana dela,* str. 191.
[2] M. Crnjanski, *Putopisi, Sabrana dela,* str. 74.
[3] M. Crnjanski, *Proza,* str. 57.

RAT

Zastrašujućeg orla sa glavom lava, sumersko-vavilonsko božanstvo oluje, Hetiti su preobrazili u dvoglavog orla i predali ga u amanet Turcima Seldžucima od kojih su ga Krstaši preuzeli i, uz ostali ratni plijen, kao simbol svoje pobjede, donijeli u Evropu.[1] Taj dvoglavi grabežljivac postaće odgovarajući simbol za dvoglavu grabežljivu uniju, Austro-Ugarsku monarhiju, i fatumski simbol zla u svim zapisima o ratu i iz rata Miloša Crnjanskog.

Crnjanski ratu nije prišao jednostrano, posmatrajući ga iz jednog ugla. On je rat posamtrao i očima ekstrovertirane mase, rascijanskih crvenogunjaša, kod kojih vlada kolektivna svijest i navike bez obzira što to može biti izraženo prividnom vladavinom pojedinca, i očima introvertiranog učesnika takve vrste opštenja među ljudima kakvo je rat, učesnika kod koga preovladavaju kulturne karakteristike: razum i svijest o ličnosti.

Prikazujući u *Seobama* „Serbski nacion" koji je prebjegao iz Srbije pritisnute osmanlijama u „hrišćanstvo" (Austriju), Crnjanski vjerno oslikava njegovu izvornu, elementarnu dobrotu koja graniči s primitivizmom (jer se najbolje osobine čovjeka razvijaju na najnižim stepenima kulture i civilizacije), prikazujući ujedno i svojstvo nesamosavlađivanja koje je srodno duhovnom zamoru što se javlja kod djece, ali i u kulturama na nižem stepenu razvoja. Ratni pohodi koje takva masa jednom započne gube svoju ekonomsku uzročnost i dobijaju više psihološko obilježje snažnog oslobađanja neke divlje, elementarne energije. Takvo stanje duha Austrija je znala iskoristiti za svoje ciljeve pa se za najteže i krvave obračune gotovo redovno služila „Servima".

Afirmacija u ratu, ratničke vještine, osvajanje, oduvijek su bili put do plemićkih titula koje su kao po pravilu dolazile kao plod uspješnog ratničkog života. Tome su se nadali i vođe ovoga izbjeglog naroda vođe koji u svojoj nepolitičnoj narodnoj zajednici nisu predstavljali političkog poglavara u zapadnoevropskom smislu.

„Na svojoj sablji, a ničijoj milosti, on je plemstvo dobio, pa ga tako misle dobijati i u Rusiji, a ne treba im ni ljubavi bratske, ni sažaljenja."[2]

Da je to tako bilo i u stvarnom životu onog vremena o kome Crnjanski piše u *Seobama*, Crnjanski će spomenuti u eseju *Zapisi đenerala Piščevića:*

„Plač ti ništa ne pomaže, uči i gledaj da se navikneš na zanat vojnika, nauči kako je gorak vojnički hleb i kako čovek stiče slavu."[3]

Razni Isakoviči bili su, u stvari, ljudi kojima zajednica vjeruje, ali ih ne smatra neprikosnovenim vladarima. Ona ih cijeni upravo zbog ratničkih sposobnosti i zato Crnjanski piše:

„Samo primitivni narodi cene oficira."[4]

Svojim vladarom, uostalom, ne smatra taj „nacion" nikoga. Ali polako će se unutar ove izbjegle zajednice stvoriti jedan unutrašnji odnos svjesnog društva koje svojim sistemom života postavlja pred pojedinca određene zadatke, daje mu određena prava, ali i dužnosti. Srpski „nacion" koji luta i seli se neprestano stvoriće svoj osebujni i samo sebi svojstven način izražavanja svoje nacionalne ličnosti kroz razne obredne svečanosti koje Crnjanski komparativno karakteriše u jednoj rečenici:

„Te jeseni, godine 1752, poslednji transporti onih, koji su se selili u Rusiju, prolazili su kroz hungarsku zemlju i prelazili Tisu, kao što serbski svatovi, i serbski pogrebi, idu."[5]

Spoljno miješanje u ovakav jedan već stvoreni sistem, s ciljem njegove promjene, izaziva otpor, i fizički u krajnjem slučaju. Izigravanje nadanja koja su podmićivana krvlju stvoriće nepremostivi jaz u sporazumijevanju, procijep u komunikaciji između Monarhije i srpskog „naciona"[6], a komunikacije su ono za čim traga Crnjanski. Tako će jedan skitački „Nacion", kakav je bio taj izbjegli dio srpskog naroda, postati trojanski konj u carevini koja ga je prevarila.

U pjesmama *Groteska, Naša elegija i Spomen Principu* Crnjanski će ovakava razočaranja utvrditi kao istorijsku sudbinu srpskog naroda:

A na hram dižite crnu
sfingu naroda mog.
Nek se sve zvezde što jezde osvrnu
za osmeh čudovišta tog.

Zidajte Hram
beo kao manastir.
Nek šeće u njemu Mesec sam
i plače noć i mir.

U hramu nad Milošem i Markom
uokvirite zlatom na oltaru žarkom
pečate plave i rumene,
žute i crne i šarene.
Pečate plave i rumene,
žute i crne i šarene,
ljubičaste i zelene.

Pečate ustava i prava,
zakona i štatuta,
privilegija hiljadu puta,
obećanja i fermana,
pohvala sa svih strana,
naroda mog:
da vidi Bog.

(Groteska)

Nećemo ni pobedu ni sjaj.
Da nam ponude raj,
sve zvezde sa neba skinu.
Da nas zagrle koji nas more,
i njina zemlja sva izgore,
i kleknu pred nas u prašinu.
Da nam svi ruke ljube,
i kliču i krune meću,
i opet zatrube trube
cveće i čast i sreću.

Mi više tome ne verujemo,
nit išta na svetu poštujemo.

Ničega željno ne očekujemo,
mi ništa ne oplakujemo.

(Naša elegija)

Gladan i krvav je narod moj.
A sjajna prošlost je laž.
(...)
Jauk i groblje je narod moj.
Radosna prošlost je laž.

(Spomen Principu)

Sve ovo prati Crnjanski u *Seobama* te u društvena pretvaranja upliće rat. On rat ne promatra kao posebnu kategoriju, nego ga utvrđuje kao produkt sudara zdravog narodnog osjećanja da je mir normalno stanje među ljudima i hladnih ekonomskih i vojnih interesa, a često i zabave radi „carstvujuščih".[7]

Srpski „nacion" nije imao motiva za učešće u ratu koji je vodila Austrija sa Francuskom, ali je stekao jedan važan preduslov za to. Taj prebjegli narod poprimio je karakteristike nomada, njegov način života postajao je sve više nomadski.

„Kad nemaju svoju zemlju, kaže, nemaju čemu da se, u drugim zemljama, nadaju, osim obećanja, koja su ludom radovanja."[8]

Taj narod se nije smirivao na jednom mjestu. A nomadi se lako preobražavaju u ratnički narod, što je istorija u više navrata potvrdila. Oni sa sobom imaju samo najnužnije, siromašni su u poređenju sa statičnim ratarima pa nemaju šta izgubiti, nemaju krutu rodovsku organizaciju te imaju više slobode, nisu vezani rodnom grudom i svugdje se relativno dobro osjećaju iz čega proizlazi njihova vrlo velika pokretljivost i, što je jedna od njihovih najvažnijih karakteristika, osjećaju se nadmoćnim nad ratarima, „paorima", i ratnički poziv smatraju jedino dostojnim svog društvenog položaja[9] što u njima jača ratnički duh u odnosu na ove druge, odnosno, daje im u ratu veliku psihološku prednost.

„Svi mi jednom za svagda, jedan za sve, i svi za jednog izjavljujemo, da tražimo, da ostanemo vojnici i radi našeg imena i časti, ni najmanje volje nemamo, da odbacimo od sebe pušku, i postanemo paori!"[10]

Potvrdu za faktografsku vjerodostojnost ovakve svijesti, a ujedno i jedan od izvora informacija koji je Crnjanski koristio prilikom pisanja *Seoba*, nalazimo u Crnjanskovom već pomenutom eseju *Zapisi denerala Piščevića:*

„Serbi se – piše on u svom memoaru – rado zanimaju zanatom vojnika.“[11]

Srpski ratnički „nacion“ ostavio je mnoga krvava svjedočanstva širom Evrope kao potvrdu svog ratničkog identiteta.

„Kosti su se ljudske belele, njihovim tragom, pedeset godina.“[12]

Taj izbjegli dio srpskog naroda našao se u vakuumu prelaza od primitivnog u civilizovanije duštvo. To je doba najveće raspojasanosti koju je mudro kanalisao dvoglavi crni orao,[13] ne plativši za usluge ništa. Umjesto nagrada, padale su surove kazne na one od čijeg je mesa ta strvina i živjela. Ali stvarni život jednog naroda vrlo često pokazuje i ideale kojima taj narod teži. Crnjanski ih da naslutiti u odabranim pojedincima, njihovoj ponositosti i čistoti. To je ideal koji ću sažeti u jednoj tuareškoj poslovici:

„Čak i pakao prezire sramotu!“

Kao da parafrazira tu poslovicu, Crnjanski zaključuje:

„Nije se smelo pod sramotom ostati.“[14]

Ovaj, pomalo i antropološki, uvod potreban je da bi se odgovorilo na pitanje: kakvu sumatraističku vezu rat nosi u svojoj unutrašnjoj zakonitosti, u svom unutrašnjem životu? Moramo zahvatiti dublje i od uzročnosti borbe interesnih sfera, jer, kako ćemo vidjeti, sumatraizam nije uzročnost, nego povezanost (vidi str. 214). Crnjanski zbog toga rat i uzdiže iznad njegovog trivijalnog uzroka i taj fenomen postavlja u neke više sfere međuljudske, a i šire povezanosti.

U komentaru *Uz pesmu „Večni sluga“* Crnjanski zato piše:

„Meni se onda čini da sam pogrešno milsio da se borbe vode između Austrije i revolucije, između Imperije i moje nacije. Borbe se, večne, čini mi se, vode između Dobra i Zla.“[15]

Ovo je dosta značajno za osvjetljavanje fenomena rata u literaturi Miloša Crnjanskog što će se vidjeti u daljem tekstu.

Sasvim opravdano je mišljenje da rat nije uzork stvaranja država, nego da se država razvila u cilju ovladavanja sirovinama, odnosno ekonomijom. U državnoj svijesti raste želja za boljom organizacijom i ekspanzijom, što mnogi smatraju uzorkom ratova. Ipak se na toj konstataciji, mada je u velikom broju slučajeva tačna, ne bismo mogli zaustaviti. Društvo je starije od države, odnosno staro je kao i sam čovjek. A rat je jedna društvena pojava koja je kao fenomen borbe i oružanog sukoba nastala u društvu vjerovatno vrlo rano, mnogo ranije od nastanka prvih gradskih država Sumeraca.

Život na različitim geografskim širinama, u različitim prirodnim uslovima oformio je i dvije različite naravi ljudi: seljake, ratare vezane za plodne oaze, i nomade, ljude u stalnom pokretu. Planinski lanci čiji se vrhovi zavijeni u vječni led i snijeg gube u visinama, nepregledne stepe i pustinje i plodne doline rijeka vezuju za sebe ljudske prirode i stoje sa njima u međuzavisnom odnosu. Stalni pokreti nomada uslovljeni traženjem vode dovodili su u vezu stanovnike plodnih oaza i nemirne duhove stepa koji su nerijetko bili obilježeni sukobima i najrazličitijim međusobnim uticajima. Dakle, ratni sukobi su u tijesnoj vezi sa samim biološkim opstankom ljudi, odnosno sa ljudskim životom kao jedinstvenom kategorijom.[16] Kroz istoriju apetiti su se mijenjali pa će se kasnije ovakva pomjeranja ljudi vršiti ne zbog vode, nego i iz raznih drugih razloga. No, sistem pomjeranja i sudara ljudi sa različitih geografskih širina nosio je sobom skoro iste posljedice: sukobe. Ta kretanja ljudi Crnjanski je vrlo eksplicitno prikazao u *Seobama*: prvo je Turska izgurala dio srpskog naroda u Austriju, ova ga je gurnula na prostore gdje živi francuski narod, da bi po njihovom povratku na svoj životni prostor između Save, Dunava, Tise i Begeja naselila Njemce sa Rajne i iz Lotaringije. Tako će srpski narod koji se seli s tog prostora u Rusiju izvršiti pritisak na starosjedioce koje tu zatekne i usloviti „iseljavanje urođenika" koji su prethodno imali sudbinu sličnu njihovoj jer su rusku granicu čuvali od turskih upada.

„Oni su, jedan narod – i tako već namučen – iseljavali.

Kao što je ono naseljavanje Nemaca, sa Rajne i iz Lotaringije, u njihovu zemlju, bilo neshvatljivo, zbrkano, a velika nepravda, u krajevima koje su krvlju svojom bili natopili i otkupili – Isakoviču se nije činilo pravo, ni to njihovo naseljavanje, u mirgorodskoj okolini, i kod Elisavetograda, koji su protiv Turaka zidali."[17]

Posljedice ovih pomjeranja su sukobi. Sukob jedne druge vrste izaziva i pomjeranje ruskih i poljskih emigranata u Englesku koje je Crnjanski opisao u *Romanu o Londonu* itd. Prateći ovakva društvena previranja, Crnjanski je stvorio grupaciju „raseljenih lica", „peremeščanija lica", kako kaže u *Romanu o Londonu,* lica koja imaju i „raseljen mozak". Ta grupacija, taj tip ljudi, u njegovoj literaturi je sastavljen od Srba i lotarinških seljaka, ali i od Poljaka i Rusa koji dva vijeka kasnije (up. vrijeme događaja u *Seobama* i vrijeme događaja u *Romanu o Londonu*) doživljavaju autentičnu sudbinu srpskih ratnika: pretvaranje vojnika u interne proizvođače kada njihove ratničke usluge više nisu potrebne Imperiji i – velika razočaranja:

„Među njima su se tad naseljavale hiljade Poljaka iz armije koja se, svud po svetu, tukla, ludačkom hrabrošću, a koju su sad razoružavali na britanskim ostrvima. (...) Zadatak je Engleza, sad, da taj svet nauče blagodetima mira. Da se ti vojnici i beskućnici pretvore u korisne članove društva. Zidare, obućare, štavare koža, stolare, bravare, rudare, nosače, mesare, bolničare. (Naročito bolničare ludnica, jer se u bolničarima oskudeva ovde.)

Vot čudnij metamorfoz – čujem da neko viče, u mraku...[18] (...) Nikolaj – oni moraju znati, da smo mi bili, u ratu, na strani Engleza, pa zar sve to onda nije sramota? Znaju da su doveli hiljade Poljaka, ovamo, pa zar to nije prevara?[19]

Oni čak imaju i vanjsko obilježje – ofucani šinjel, kao što su srpski rascijani imali crveni gunj, „rotmantleri".

„Pošto je, te godine, u London bio stigao ceo razoružani korpus armija, da bude raseljen – a sa njima je i on bio na spisku – njegov ofucani šinjel nije padao u oči, dok je u stanici Holborn silazio. U Londonu, svako može proći ulicom, u kakvom god hoće odelu. I sa peruškama plemena sa ostrva Polinezije na glavi. Tako ni čizma Vrangelovog oficira, ni taj ofucani šinjel, koji je sa Poljacima prošao kroz Evropu, nije nikom padao u oči."[20]

Upravo ovakva sudbina sumatraistično povezuje one koji su vrijeme i prostor tako mnogo razdvojili, kao što je i sudbina svih učesnika prvog svjetskog rata (kome je Crnjanski posvetio dosta prostora u svojim delima) obuhvaćena i povezana jednom rečenicom u *Kod Hiperborejaca:*

„Meni je prvi svetski rat pokvario život, i mladost, pa sažaljevam, i volim, sve one, koji su učestvovali u prvom svetskom ratu."[21]

Ovu rečenicu Crnjanski parafrazira u *Romanu o Londonu:*

„Svi su braća koji su učestvovali u t o m ratu."[22]

Jedinstvena kategorija života u djelu Miloša Crnjanskog su životi svih ljudi gledani kao integralna cjelina, kao jedan fenomen, a ne kao životi pojedinaca. To je veoma bitno jer samo sa takvim pogledom na ljudski život, na fenomen života, rat može postati elementom sumatraizma, odnosno univerzalne povezanosti univerzuma. Tako gledajući na sumatraističku vezu rata i života, koji u tom slučaju predstavlja jedinstvo sa više ispoljavanja, Crnjanski može napisati:

„Niti su znali zašto ratuju, niti su ga pitali o tome, niti je morao što da im objašnjava."[23]

Ili, pišući o Minhenu pred rat:

„Toga je dana ceo grad vrio. Beše došao nov engleski poslanik, a Francuzi su, konačno, zaiskali i krave muzare. Novine su jaukale za dečicom koja će umirati bez mleka, a levičari su odgovarali da je tome kriva buržoazija, i maliciozno podsećali da su i francuska deca umirala. Evropa je sad, vidite, prilično u vezi između sebe."[24]

Pišući o ratu, Crnjanski ga je uspio sagledati svana, kao jedan element univerzalnog te ga tako (jer je tako jedino moguće) ukomponovati u sumatraizam. Crnjanski je želio da da svoj objektivistički pogled na fenomen rata, na fenomen koji je neprestano prisutan među ljudima. Istorijski fakat koji važi do dan--danas jeste potvrda riječi Crnjanskog:

„/... / a večni mit, uostalom, utopija je."[25]

On je fenomen međuljudskih odnosa kao što je rat sagledao kao objektivno postojeće stanje, kao perpetuum mobile treće vrste, da bi ga kao takvog uzdigao na nivo univerzalije i uključio ga u sumatraizam.

Oplakali ste rat
i mislili: sad je kraj.
O mučenici,
vešala rastu više
nego sin, žena i brat
i verna su, u beskraj!

(M. Crnjanski, *Večni sluga*)

Literarnu konkretizaciju ovakvog viđenja rata nalazimo u *Dnevniku o Čarnojeviću* gdje Crnjanski piše: „I ništa me više ne vezuje, ni za dobro, ni za zlo. Držim svoj mali život sav potresen i uplašen u rukama, čudeći mu se, kao što drži crni evnuh presten sultanije u rukama, dok se on kupa. On je u mojim rukama, a nije moj. Umoran sam, zadovoljan, zamišljen i smešim se. Šta je nama ubiti tri miliona ljudi? Mi smo slobodni i znamo: da je nebo svud na svetu isto i plavo. Došla je smrt još jednom, kao nekad davno, ali će iza nje doći sloboda. Znaćemo da je nebo svud lepo, i da ništa ne može i ne zna da nas zadrži. Sve je propalo, ali će se to urlikom raširiti od jednog okeana do drugog. Zamišljena i bleda lica, sva ta lica, sve te gorke, muške, umorne glave, kad se budu vratile sa krvavih nepreglednih granica biće željne onog što je dosad smelo samo bilje i šume i oblaci. Naučili smo da pijemo život dublje, no ikad otkad svet postoji. Strahovito, uplašeno, pažljivo, ja gledam život i držim ga u rukama koje drhte, i gledam oko sebe šume i puteve i nebo."[26]

No, Crnjanski je rat prelomio i kroz prizmu humane svijesti i dao viđenje rata očima pojedinca. Tako će Crnjanski pisati o viđenju rata kočijaša Đuzepea (vidi: *Kod Hiperborejaca I*, poglavlje *Duro, duro, duro...*), seoskog popa (vidi: *Kod Hiperborejaca I*, poglavlje *Oči Isusove u ratu*),[27] svom vlastitom viđenju rata u Apoteozi, ili kao pijanstva jednog cijelog naroda (vidi: *Kod Hiperborejaca I*, poglavlje *Špicbergen i Levanjevski*), ili jedne „velike ludorije" *(Dnevnik o Čarnojeviću)* iznad koje se on samo u pojedinim trenucima izdiže. *Dnevnik o Čarnojeviću*, i pored toga što je snažno nabijen sumatraizmom vrlo je subjektivan pogled na rat u kome je fenomen rata daleko od univerzalije, ali i u kome se, pored sve subjektivne gorčine izazvane ratom, ipak osjeća nemoć da se pojedinac bori protiv stihije, pa u krajnjoj konsekvenci i ovakva humanistička razmišljanja služe samo kao kontrast u kome sumatraistička povezanost, još više dolazi do izražaja.

Rat, znači, u literaturi Miloša Crnjanskog predstavlja oblik veze, opštenja među ljudima, istina negativne veze, ipak veze koja u sebi nosi karakteristike sumatraističke povezanosti života.

---

[1] I Njegoš je na početku *Gorskog vijenca* opjevao ovaj simbol ukazujući na njegovo tursko porijeklo:

> Vidi vraga su sedam binjišah,
> su dva mača a su dvije krune,
> praunuka Turkova s koranom!

[2] *Seobe III, Sabrana dela,* str. 162.

[3] *Eseji, Sabrana dela,* str. 11.

[4] *Roman o Londonu I,* „Nolit" Beograd 1977, str. 46.

[5] *Seobe III,* str. 143.

[6] Ovaj problem će Crnjanski postaviti kao opšti u drami *Tesla* kada u replici Nikole Tesle kaže:

„Sad znam da je sam prezident Neiz napisao, da su, skoro svi, vaši ratovi prouzrokovani obećanjima, koja ste davali crvenokošcima, pa ih niste održali."(*Drame, Sabrana dela,* str. 367)

O istoj vrsti nezadovoljstva prevarenih koje se ponavlja kroz istoriju ratova Crnjanski piše i u *Romanu o Londonu* stavljajući u ulogu Austrije ili SAD-a Englesku, a u položaj srpskih crvenogunjaša i američkih crvenokožaca poljske i ruske emigrante, sve, naravno, prilagođavajući novim istorijskim i društvenim uslovima.

[7] U drami *Tesla,* u dijalogu između Tesle i Čarlsa, Crnjanski će dati svoj sud o ovakvoj vrsti ratova u kome možemo tražiti objašnjenje o njegovom literarnom pristupu ratu uopšte, što nas posebno interesuje u *Seobama,* i naći potvrdu za napisano u gornjem tekstu.

ČARLS
... Ja ću vas sutra odvesti admiralu.

TESLA
Ne mislim da idem admiralu. Neću. Zašto bih?

ČARLS
(*Tresne na sto svoju sablju i vikne:*) Tesla, Amerika je u ratu. Naši ljudi, na Kubi, još ginu. Top, oko Filipinskih ostrva, još grmi. To ste vi, doseljenici, izgleda zaboravili?

TESLA

(*Skoči srdito.*) To je bezobrazluk, Čarls, to, što ste doseljenicima rekli. Ima ih, toliko, u vojsci. Rat se, sad, vodi u nekoj Guliverovoj zemlji, ali kad nam je Španija objavila rat, i ja sam se prijavio admiralitetu i ponudio sve svoje papire, pa i sebe samog. Izvršio sam svoju građansku dužnost kao doseljenik. Nisam ni odgovora na to dobio. Neću da idem admiralu. Ne pravim više posete. Rat mi se čini komedijom. Čujem da je prezident išao u crkvu, da se pomoli Bogu i da pita, šta da radi s tim odvojenim Ostrvima filipinskim, i, kažu da je dobio odgovor. Uzmite ih sve, reče Gospod, prezidentu. Ostavite me na miru. Molim Vas da idete. (*Drame,* str. 389–390)

Želeći da pokaže do koje su mjere savremeni državnici i vojskovođe zaslijepljeni ratnom igrom, Crnjanski rečenicama: „Čujem da je prezident išao u crkvu, da se pomoli Bogu i da pita, šta da radi s tim osvojenim Ostrvima filipinskim, i, kažu da je dobio odgovor. Uzmite ih sve, reče Gospod, prezidentu." Sarkastično prikazuje američkog „prezidenta" kao antičke careve koji su, kad su bili u ratu, išli proročištu u Delfe, Pitiji, da im predskaže ratnu sudbinu, u stvari, ubjeđujući narod da njihov postupak odobrava, čak zahtijeva „viša sila".

[8] *Seobe III*, str. 162.

[9] Herodot piše ovako o Tračanima:

„Besposlica je kod njih nešto najlepše, a zemljoradnja nešto najgore. Živeti od rata i pljačke kod njih je najveća dika." (*Herodotova istorija II*, „Matica srpska", Novi Sad, 1980, str. 8–9)

[10] *Seobe III*, str. 249.

[11] *Eseji*, str. 10

[12] *Seobe III*, str. 284. Crnjanski ova generalna pravila o kretanjima ljudskog društva konkretizuje u *Seobama* naglašavajući ih stalnim osvajanjima utvrđenih gradova i fortifikacijskih objekata od strane srpskih vojnika. Naime, još od Inka pa do renesansnih tvrđava samo su statični narodi imali takav oblik odbrane, a takav statični narod bili su i ti Srbi dok ga tursko osvajanje nije pokrenulo i iniciralo njegovu metamorfozu u nomade-ratnike, i, kao takvi, i oni su u ratu imali sistem internog pariranja.

„Druge varoši bile su, kao i Belgrad, tvorevine rata; tvrdave." (*Seobe III*, str. 436)

[13] Pod simbolom ovdje spomenutim treba podrazumijevati i Austriju i Rusiju jer je i Rusija, kao i Austrija, imala isti simbol: dvoglavog crnog orla. Upravo to Crnjanski naglašava simbolično ukazujući na uzaludan pokušaj srpskog „naciona" da dođe pod neki bolji grb.

„Kraj sveg saveza, koji je Austrija imala sa Rosijom, od godine 1746, imperije su se, tako, otimale o plaćenike jednog malog i nesretnog naroda, koji više ništa, sem svoje krvi, nije imao, da daje. (*Seobe III*, str. 357)

„To jutro, kod te rondele, kod tog spomenika, ispod jednog jarbola, s kojeg je visio, na svili, dvoglavi, crni, carski, rosijski, orao, stražu je davao pekovski dragunski puk, u kom je bilo Srba." (*Seobe III*, str. 388)

[14] M. Crnjanski, *Seobe III*, str. 11.

[15] *Poezija, Sabrana dela,* str. 182. Za bolje razumijevanje daljeg teksta, na ovom mjestu bilo bi dobro pročitati o sukobu dobra i zla u literaturi Miloša Crnjanskog o kome pišem u poglavljima: Smrt, Dvojnik, San, Eros.

[16] O ratovima izazvanim pomjeranjima naroda piše i Herodot u svojoj Istoriji:

„Aristeja, sin Kaistrobija, sa Prokoneza, priča nam u svojim pesmama da je pod uticajem Apolona došao u Isedoniju, da iza Isedonjana stanuju Arimaspi, ljudi sa jednim okom, a da su dalje iza njih orlovi, čuvari zlata, a još dalje od ovih sve do morske obale stanuju Hiperborejci. Osim Hiperborejaca, svi su ovi u neprestanom ratu sa susedima, a taj su rat započeli Arimaspi. I tako su Arimaspi istisnuli Isedonce iz njihove zemlje, a Isedonci Skite, dok su Skiti napali na Kimerijce u njihovim pomorskim oblastima na jugu i naterali ih da napuste svoju zemlju. I tako se, eto, ni on ne slaže sa Skitima u pogledu te zemlje." (*Herodotova istorija I,* str. 279)

U ovom odlomku Herodot pominje Hiperborejce, mističan narod čiji je opskurni način života, dalek, čist i nedohvatljiv Crnjanski metaforično projicirao u djelu *Kod Hiperborejaca.* O njima će Herodot još zapisati:

„O Hiperborejcima ne znaju ništa da kažu ni Skiti ni drugi narodi iz tih oblasti, osim Isedonaca donekle. A ja mislim da ni oni ne znaju ništa da kažu, jer bi nam sigurno Skiti pričali i o njima, kao što nam pričaju i o, jednookim ljudima. Ali nam o Hiperborejcima priča Heziod, pa i Homer u *Epigonima,* ukoliko je Homer zaista ispevao tu pesmu. (...) Toliko o Hiperborejcima. Neću da vas mučim pričom o Hiperborejcu Abariju, za koga se priča da je, sa strelom u ruci i ne jedući ništa, obišao celu zemlju." (*Herodotova istorija,* str. 286–287)

U prozi *Kod Hiperborejaca* Crnjanski kao da je reinkarnacija Abarija.

[17] *Seobe III,* str. 398.

[18] *Roman o Londonu I,* str. 15 i 19.

[19] *Roman o Londonu I,* str. 24.

[20] Isto, str. 96.

[21] *Kod Hiperborejaca I,* str. 95.

[22] *Roman o Londonu I,* str. 102.

[23] *Seobe I,* str. 242.

[24] *Putopisi,* str. 16

[25] R. Popović, *Život Miloša Crnjanskog,* str. 164

[26] *Proza,* str. 26

[27] Razgovor Crnjanskog i ovog popa zanimljivo je prodiskutovati u kontekstu cijelog ovog rata jer on sobom nosi šire implikacije o napisanom

i u drugim poglavljima. Jednom kratkom sintezom može se i fenomen rata pobliže odrediti u okvirima postavki ovog rada.

„Polako zapažam, da što duže govori, sve više zapada, u neku tešku melanholiju. Ne zna, kaže, kako je u mojoj zemlji, ne zna ni kako je u svetu, iako o tome čita u žurnalu, ali se, pre lakše, i lepše, živelo. Ovaj rat se pretvara u pravu nesreću. Boji se da ne dočeka dan, kad će i Viterbo da bombarduju. Ne boji se smrti, ali se pita: čemu to, zašto se ljudi ubijaju, zar bez toga ne bi moglo?

Pošto ne znam ko je to, ja ne odgovaram mnogo, ali toliko je miran, toliko se čini iskren, da ga pitam: šta on misli, zašto zaraćene strane nastavljaju, da ratuju? Šta je pravi uzrok ratu? Ne pitam ga, kažem, kao stranac, koji želi da čuje zašto je Italija u ratu. To ja znam. Nego me zanima šta misli on, sveštenik, lično?

Kao sveštenik, kaže, morao bi da mi kaže, da je uzrok ratu ljudsko zlo. Zlo u ljudima. Nada se da ova disgrazia neće dugo. Da će do mira doći, uskoro, ipak, ipak. Ako ga, međutim, pitam lično, kao Talijana, šta misli, onda će reći, da je uzrok ratu uvek isti. Znam li šta je bio uzrok ratu, između Viterba i Ferente.

Nikad tu reč, Ferente, kažem, nisam čuo.

E pa lepo – Viterbo je, godine 1172, smatrao, da našeg gospodina, Isukrsta, na Golgoti, na raspeću, treba slikati sa očima zatvorenim. A Ferente je smatralo, da treba, otvorenih očiju. Zbog toga je došlo do rata i Ferente je poklano i sa zemljom sravnjeno. Ljudi su tvrdoglavi – naročito u Italiji. Teste dure. Treba se nadati, da će ljudi, jednog dana uvideti, da je to užasno. On se moli Bogu da ljudi uvide to.

Pri rastanku mi kaže da mi želi, da me Bog sačuva u ovom ratu.

Tada sam poslednji put bio u Viterbu." (*Kod Hiperborejaca I,* str. 381–382)

VODA

Istina da je u *Seobama* Crnjanski i istoričar i liričar, i etnograf i geograf. Njegove filozofske preokupacije i univerzalije višeg reda o kosmičkim vezama nisu ostavljene da vise o klimavim pretpostavkama i vazdušastim filozofskim spekulacijama, one su mnogo čvršće etnološki i antropološki fundirane, no što bi se to na prvi pogled reklo. Ti temelji u stvari su šire naučne, ne samo literarne, istine o razvitku ljudske kulture i kretanjima homo sapiensa kroz vrijeme i prostor na kojima je Crnjanski, svjesno po svemu sudeći, ili možda i naslućujući ih samo, sagradio svoju građevinu kosmičkog jedinstva.

Prije svega, želim navesti riječi Kaj Birket-Smita, danskog etnologa, koji piše:

„Suprotnsot između velikih sasušenih pašnjaka i plodnih oaza i riječnih dolina ostavila je biljeg na prirodi i ljudskom životu još od ledenog doba. Ali klima je očito pretrpjela stanovite promjene o kojima znamo vrlo malo pouzdano. Ipak čini se da je preovladalo postepeno isušivanje. (...) Te su prilike ostavile značajne tragove u povjesti kulture. U južnom dijelu stepskog pojasa čovjek je već vrlo rano bio prisiljen da traži predjele s vodom. Ondje je i nastalo, u tijesnom sudjelovanju i međusobnim utjecajima preostalih stepskih i pustinjskih stanovnika, niz visoko civiliziranih zajednica. Sjevernije bijaše manje oranica, pa prema tome i manje veza između stanovnika stepa i oaza. Ali kad je i tu ozbiljnije počelo isušivanje, te su veze došle do izražaja slično kao i na jugu, nizom događaja koji su bili obilježeni ratničkim sukobima i međusobnim utjecajima."[1]

U *Seobama* Miloša Crnjanskog (pod *Seobama* u ovom radu podrazumjevam i *Seobe* i drugu knjigu *Seoba* koje su u sabranim djelima podijeljene na *Seobe I, II, III;* ova mala nepreciznost uzrokovana je praktičnim razlozima) kao krvotok teku rijeke koje ovo djelo vežu u organsku cjelinu. Mura, Dunav, Tisa, Rajna, Begej, Bodrog, Ondava, Jasielka, Sanu, Nepr (Dnjepar), Donec, Ingul, Kovarlika, Tur, Kamenka, Berezovka, Ameljnik, Morava, Aluta, Sava, Glubočica, Ljubed, Moriš, Neva su vode na kojima i u vezi s kojima se odigrava svaki događaj i s kojima je povezana svaka ljudska sudbina u *Seobama*. Sva kretanja naroda, u ovom slučaju srpskog, obilježena su vodom kao fluidom neprolaznog života. Tako je Crnjanski u svojim romanima uspostavio onu neraskidivu životnu vezu, o kojoj piše i Kaj Birket-Smit, između vode i čovjekovog traženja boljeg života i biološkog opstanka kome je taj fluid garant. Na jednom mjestu će čak Crnjanski, kao i Birket-Smit na kraju navedenog odlomka, zaključiti da je isušivanje jedan od uzroka selidbe srpskog „naciona":

„Dvor je bio stvorio toliku zabunu reorganizacijom administracije, isušivanjem bara, zidanjem kanala, naseljavanjem ljudi iz Elzasa i Lotaringije, da niko živ više nije znao: ko ide, ko sme da se seli, ko ostaje, koja su sela koja odlaze, a koja su što ostaju."[2]

Uklopiti ove riječi Crnjanskog u Birket-Smitova razmatranja znači dobiti onu suštinsku, inicijalnu vezu između vode, kretanja naroda i ratnih sukoba, što mi je na ovom mjestu i bio cilj. Ovom sintezom dobili smo elementarnu, iskonsku, sumatraističku, unutrašnju povezanost ova tri segmenta, vode, seoba i ratova u djelu Miloša Crnjanskog.

Ali Crnjanski se nije zadržao samo na isušivanju zemljišta, nego je opisao i nastojanje austrijskog dvora da „isuši" i osobenost jedne nacije koja je onda krenula u svoju utopijsku odiseju da nađe plodnije duhovno tlo, srodnije svom mentalitetu. No, moralna pustinja očekuje ih svuda gdje stignu. Srpski „nacion" je krenuo „kao što se reka razliva"[3] da u Rusiji stvori Novu Meziju.[4] Teritorij koji treba da nasele rijekama je omeđen: „ od ušća Kovarlike, do izvora Tura, pa do ušća Kamenike, pa do izvora Berezovke, pa do ušća Ameljnika u Dnjepar."[5] Ali po dolasku u tu veliku zemlju, Pavle Isakovič uviđa uzaludnost tog putovanja.

„Podstrekao je bratance na selidbu, iz otečestva, a pokazalo se da je taj put u prebezmerne žalosti vodio."[6]

To mu je rijeka dala naslutiti:

„Bilo je pravo čudo, kako Dnjepar treperi, noć i dan, ujutro, u podne, uveče, a svaki put drugače, i u drugoj boji. Kao posrebren, kao pozlaćen, na suncu, na mesečini, a teče mirno i odlazi. Samo kad mu se priđe, sasvim blizu, čuje se da huči i šumi.

Šta priča? – pomisli Isakovič, jedno veče, zagledan u reku. Na šta seća? Na kikot ljudski, ili plač?

Čudo je bilo i kako, iz dana u dan, tolike skele i toliki čunovi, sa jedrima, mile po vodi, kao beli leptirovi. Kako, dug, dug, red jablanova, nepomičan, stoji. Kako step beskrajni, ukrajinski, zeleni u večernjoj rumeni, u kojoj se sve smiri.

Sve su to – pomisli Pavle, zamišljen – neki Isakoviči, i oni. Pa se kreću, idu, prolaze, kikoću se, plaču, a ne bi znao reći, ni ko ih tera, ni šta traže, ni kako nalaze svoj put, tako mirni, a veći nego ljudi, veliki, ogromni."[7]

Pavle Isakovič nije bio razočaran materijalnim statusom koji su on i njegova porodica dobili u Rusiji. Njega to, uostalom, nije ni povuklo na taj put. On je bio „plivač, koji je zaplivao daleko, ka drugoj obali, ne može više da se vrati, kad je daleko otišao, iako oseća da će ga dah izdati, pa će klonuti",[8] on je krenuo zbog viših, patriotskih, ideala, ali je ubrzo „uvidio kakav će kraj svi oni imati, i u filosofičeskom smislu, u Rosiji – kraj koji će i on imati. Bio je isti, koji bi i u Austriji imali."[9] Ipak, „do smrti su bili dakle rešeni da ostanu verni svom rosijskom snu".[10] Ove posljednje riječi Crnjanskog već nam govore o utopijskoj prirodi ovoga pohoda. Uzrok tog neuspjeha leži upravo u prirodi samih seoba i njenih učesnika:

„Oni nisu bili rođeni na ovoj zemlji."[11]

Ali i nešto nedefinisano, nešto što je izvan njih, nagoni junake Crnjanskog na nezadovoljstvo i razočaranje. Pavle Isakovič obolio je od melanholije.

„Sva ta seta koja mu je bila pala na oko, bila je posledica potpunog neuspeha u privatnom životu, njegovom, i njegovih bratanaca. U tom buktanju vazduha, iznad Kijeva, koji se iz daljine činio, kao da će izgoreti, sa svojim krovovima, kućama, Isakovič je, te jeseni, sahranjivao svaku nadu, sa kojom je bio pošao, ukoliko se nečem boljem nadao, za Đurđa, Petra, ili sebe, lično.

U privatnom životu, on, udovac, koji se stalno seli, nije više imao da se nada, ničemu. Upoznao je nekoliko ljudi, na svom putu – Trandafila, Božiča, Kopšu, Agagijanijana, Ziminskog, Volkova, ali, ni jedan od tih ljudi ne ostade u njegovom životu. Izređaše se i nestaše bez smisla. Upoznao je i žene, na putu, više njih, nego celog života, pre – gospožu Femku, pa Evdokiju, pa gospožicu Teklu, da druge i ne spominjemo, ali nije ni jedna, eto, ostala u njegovom životu, nego uđoše i izađoše, kao i te sluškinjice, koje je imao.

U Kijevu, pomenute godine, Isakovič je svoj privatan život smatrao proigran, zauvek, kao taler izgubljen na faraonu – a ne bi bio mnogo dao, ni za život, koji je video da imaju, oni, koje je voleo, i koje je u Rosiju doveo."[12]

Sumatraizam, koji je upleten u sudbine ljudi, ujediniće Crnjanski sa filozofijom vode, stvoriće između njih čvrstu vezu i vodu, kao medijum komunikacije čovjeka sa opštošću, uzdići će do filozofske univerzalije. Putem tog medijuma krenuće od pojedinačne sudbine svog junaka do opšteljudskog fatuma, i, na koncu, do istine koja se samo naslutiti da:

„Niti zna, niti će moći znati, niti to od njega zavisi, kako će Đurđe, ili Petar, ili matori Trifun, završiti. Svi su sad oni utonuli u neko ogromno more i svi su sad samo zrno peska, na obali. Pojedinci su samo, u sudbini velike zajednice serbskih naseljenika, pa, osim toga, i u još većoj zajednici, ruskih armija."[13]

„Kad je ugledao Dnjepar, kod Kijeva, po povratku iz Mirgoroda, čestnjejšem Isakoviču se učini da se on, Isakovič, ne vraća, isti. Život mu je bio, do Kijeva, udovički – bio je čovek usamljen, kurjak, leptir, namćor, potok – a odsad će morati, da se izgubi, u neki zajednički Dnjepar, matore Ševičke. U reku života, koja, počev od Kijeva, pa sve do mora, sve sa sobom odnosi, i leto, i početak jeseni, i lišće koje žuti, i koje je bilo počelo da opada, u avliji Žolobova, na jednoj jasiki."[14]

„Iako je to danas neverovatno, taj oficir, kao i toliki drugi njegovi sunarodnici, nikad nije bio video more. More, to su bile za Isakoviča, i sve iseljenike, neke mađije.

Pavle je, u ratu, bio stigao do Praga, do Francuske, pa čak i do Olandije, ali na obalu mora, nikad dotle, stigao bio nije. More je u njegovoj glavi, kao i glavi svih tih iseljenika u Rosiji, imalo značaj utehe, kao neka tica koja peva, kao neka igračka, koja je crvena, za dete, koje je bolesno i umire."[15]

Crnjanski će u vodenoj struji sublimisati elementarnu filozofiju svojih junaka. Ako postoji, kao i umjetnost, i naivna filozofija, u smilsu – neakademska, onda su Vuk i Pavle Isakovič njeni pravi predstavnici. Pavle će metafiziku sumatraizma „mađijom" nazvati, a u „filosofičeskim stvarima" biće pravi „naturalistički filosof".

„Nikad, kao u tom strašnom bunaru očajanja, nad koji se beše, iznemogao, nadneo, posle tolikih nedelja napora i tumaranja, Vuk Isakovič nije osetio toliku žudnju za nečim radosnim, svetlim, što bi baš on mogao da izvrši, da proživi, a ne da ode tako bedan, omatoreo i prazan, sa ovoga sveta. Nikada pre čestnjejšij Isakovič nije osetio da bi tako rado osluškivao neki šapat, kroz to zvezdano nebo, koji bi mu šaputao o neprolaznoj njegovoj određenosti da predvodi svoj puk, koji mu se sad učini draži od svega na svetu i bolji od svih drugih pukova i nikada pre toga nisu mu se činili ni oni što ostadoše doma, tako dostojanstveni da im svane. Za nečim nadzemaljskim zažuđe te noći Vuk Isakovič, ne samo za sebe, već i za svoje, zaspavši pred svojom kolibom, u zapari letnje noći pred Štrasburgom, osetiv da je prevaren, ponižen, a da beše rođen za nešto čisto, svetlo, vanredno, i neprolazno, kao i ti komadi neba, što srebrni i plavi lebde svu noć, ispod sjajnih sazvežđa, nad krovovima varoši, travama, brdima i rekama, duž kojih su treperile logorske vatre vojske, koju je, kao tiha, letna kiša, zasipala mesečina."[16]

„Pavle je, kad su mu bratanci dolazili i posećivali ga, govorio: Vidi mu se, kaže, da neke mađije vladaju u ljudskom životu, a ne Bog, niti volja ljudska. Veliku je nameru imao kad je pošao. Prežde. Sad ih više nema. Nego smatra da čelovjek treba da živi besmisleno, kao i životinja, zver, biljka.[17] U blagopolučnom zdravlju, pustivši da se, njime, jutra i večeri, događaji, i vreme, igraju, kao što se oblaci, oko sunca, igraju. Smisao života, kaže, našao je u tome, da živi onako, kako mu šta dođe, veselje, neveselost, žalost, radost."[18]

Filozofija Crnjanskog je lirska, bliža osjećanjima, njima prožeta, kao i slutnjama i instinktima živog stvora, nego što je analitičkom sviješću limitirana. On ljudsku „sujetu sujetstva" determinira samom njenom partitivnošću, a čovjeka uzima kao ozbiljnu ljudsku kategoriju samo onda kad čini zajednicu sa ostalim ljudima:

„Kod svih naroda je zabeleženo samo to, da je pojedinac zrno praha!"[19]

„Pojedinačne sudbine Isakoviča, njihove ljubavi, njihove sahrane, neće više biti, kao što su, u Sremu, ili Temišvaru, bile, pojedinačne sreće, pojedinačne žalosti. Nego je Isakovič razumeo da će sve to utonuti, u neki novi, zajednički, iseljenički život, koji će sve njih, zajedno, kao povezane, usrećiti, ili unesrećiti."[20]

Zbog toga su kod Crnjanskog sujeta i ponositost uvijek praćene usamljenošću.

Simbolišući sve beznačajno zrncima praha, Crnjanski da naslutiti da će sve te beznačajne, pa i pojedinačne ljudske sudbine, od malih do velikih ljudi, biti raznesene vjetrovima vremena i nestati pod neumitnim promjenama uslovljenim višim kosmičkim ciljevima. U toj opštosti Crnjanski će poistovjećivanjem rojeva zvijezda i zrna pijeska ukazati na ogromno prostranstvo u kome se sve, pa i tako velike za ljude, razlike gube, te ukazati na efemernost i beznačajnost ljudsku:

„Ali, kao što je i naš život samo dim i prah (...)"[21]

„Sunce, koje je zalazilo tog dana u Karpatima, u vedrom nebu, probudilo je, i u tom putniku, slutnju da je na svetu sićušan, kao sićušno zrno peska u toj beskrajnoj rumeni."[22]

„Dani su prolazili i ko bi ih brojao? Bezbrojni su, kao i noći u kojima čovek bdi. Koliko? Neki kažu: koliko je zrna peska u moru! Peče morskago peska! Drugi kažu: koliko zvezd na nebu!"[23]

„Sve bi se činilo, oko njega, prah i pepeo, prolazano, kao i to leto, što će proći, kad bude u Rosiju otišao."[24]

A prah, sve je prah, kad dignem uvis ruku
i prevučem, nad providnim brdima, i rekom.

(M. Crnjanski, *Stražilovo*)

Čitajući *Seobe*, ne mogu se oteti utisku da sva ona priroda o kojoj Crnjanski piše pluta kao ploveće šume nad vodom koju su prekrile. Kod Crnjanskog se sve dešava oko vode pa je zato sve blatnjavo i močvarno. Neki osjećaj memle i truleži zahvata sve osim duša rascijanskih. Kroz prvi dio *Seoba* teče Dunav čiji tok predstavlja sudbinski putokaz srpskom vojniku od njegove rodne grude do Švarcvalda i Rajne i natrag, Dunav koji kao armatura drži taj srpski „nacion" da se ne odlomi od „glave" za koju treba da gine, i ništa više, Dunav čije prokletstvo mora da nosi u imenu svog puka – Podunavski polk. Taj Dunav je i veza između onih što su u donjoj Bavarskoj i onih što su ostali u njihovim blatnjavim zemunicama, na njemu, u isto vrijeme, odvojeni, žive svoj život i ratnici i oni što „uz lelek" ostadoše. Kad god pogledaju u vode Dunava, sjete se jedni drugih. Ali ta voda je i fluid magijske neposrednosti u kontaktu čovjeka sa nečim nedefinisanim što je izvan njega, sa vječnošću i univerzalnošću. Tako je to i u Heseovoj *Sidarti,* i u Singerovom *Robu,* i u Mišoovoj *U zemlji magije.* Crnjanski to doživljava ovako:

„Dva stara krvnika sedela su, mirno, u sećanju na prošla vremena, koja su besmislena, i slušala, šta more govori, iz večnih talasa, pred njihovim nogama.

Đurđe, koji poučitelni način pričanja Pavlovog nikad nije voleo, pokuša da prekine tropar svog bratučeda. Nasmeja se, pa reče da su ta dva krvnika sedela, kao babe, zato, što su bili ostareli i zablesavili, a da ne bi bili sedeli tako, da im je mladost još sevala iz očiju. Neka uostalom Paja kaže: šta govori more?

Pavle mu onda, mirno, reče da ne valja smejati se starcima.

A šta more govori, još ni jedno ljudsko uvo nije razumelo, u mladosti. A u starosti, dockan je.

Tek, istina je da su dva stara krvnika sedela, sveusrdno."[25]

Crnjanski će efektno upotrebiti to nešto neuhvatljivo što voda ima u svem šumu sa Rusijom, odnosno sa predstavom o toj zemlji u glavi njegovog junaka Pavla Isakoviča, i tako nam upečatljivo dočarati svu veliku želju, težnju i utopiju koju su gajile te lutalice:

„Rosija je kao neka velika zima, a u snu mu se pretvara u neku, ogromnu, reku, sa kojom, noću, razgovara."[26]

Ali, u ovim riječima Crnjanskog već se nalazi i ona sumatraistička povezanost sna, kao jednog nesvjesnog ljudskog doživljaja, i vode, koja, takođe, nosi u svojoj zapretenosti neke, za čovjeka, vansvjesne elemente kosmičke egzistencije. Ova veza je utoliko čvršća i afirmativnija što sumatraizam i predstavlja upravo povezanost koja je izvan svake svjesne djelatnosti, a uključuje i nju.

Vodeni tok će kod Crnjanskog uvijek biti amblem ljudskih seoba. Jedinstvenim smislom i ciljem ih vezuje:

„(...) selidba njihova nastaviće se, kao bujica (...)"[27]

Voda i simbolika njenog toka stalni je pratilac života i smrti i sudionik svih događaja koji se odigravaju na pozornici djela Miloša Crnjanskog.

„Dnjepar se razlio i nosio bujicom, i život ljudski, i sneg, lanjski. Sve prođe."[28]

Sva metafizika vode počiva na prolaznosti, kod Crnjanskog. Prolaznost je kod njega jedno od glavnih obilježja bivstvovanja, ali ne i jedino, a ni najšire. Prolaznost je samo jedan element sumatraizma (vidi: poglavlje *Smrt*).

Sve vode u literaturi Miloša Crnjanskog su Stiks (*Roman o Londonu*) koji teče na razmeđu svjetova koje je izgradio Crnjanski: svijet racionalne jave i svijet viših kosmičkih veza. Voda čovjeka odnosi u smrt, a zatim ga poistovjećuje sa tim svijetom apsoluta. Voda daje i oduzima život, ona povezuje i poistovjećuje svjetove ljudske podvojenosti koje Crnjanski želi sublimisati u kosmičku jednost.

---

[1] Kaj Birket-Smit, *Putovi kulture*, „Matica hrvatska", Zagreb, 1960, str. 414.

[2] *Seobe III*, str. 145.

[3] *Seobe III*, str. 224.

[4] Kada su osvojili sjeverni dio tračke države 29/28 g. pre n. e, koja se protezala od Dunava na jug, Rimljani su tu provinciju na Balkanskom poluostrvu nazvali Mezija (lat. Moesia) po tračkom plemenu Mežana. To područje postaće kasnije Srbija. Trajan će geografski pojam Mezije proširiti i na teritoriju sjeverno od Dunava (kasnije Vojvodina). Otuda i ova refleksija kod Crnjanskog.

[5] *Seobe III*, str. 356.

[6] Isto, str. 363.

[7] *Seobe III*, str. 362.

[8] Isto, str. 403.

[9] Isto, str. 402.

[10] Isto, str. 403.

[11] *Seobe III*, str. 397.

[12] Isto, str. 412.

[13] *Seobe III*, str. 405.

[14] Isto, str. 405.

[15] *Seobe III*, str. 435.

[16] *Seobe I*, str. 274.

[17] Ovo poistovećivanje čovjeka, životinja i biljaka produkt je meditacija svojstvenih jogi vježbama za jačanje volje koje liječe od melanholije (od koje je Pavle bolovao). Tu vježbu je literarno eksplicirao Sol Bilou preko svog junaka Čarlija Sitrinea dovodeći ga u savremenom svijetu pred iste opšteljudske probleme pred kojima je i Pavle Isakovič:

„Vježbe jačanja volje koje sam izvodio nisu bile gubljenje vremena. Kao po pravilu, uzimao sam biljke za temu meditacije: ili određeni ružin grm, dozvan iz prošlosti, ili biljnu anatomiju. Nabavio sam veliku botaniku od žene po imenu Esau i utonuo u morfologiju, u protoplaste i ergastične tvari, tako da moje vježbe mogu imati zbiljski sadržaj. Nisam htio biti jedan od onih lijenih nasumičnih vizionara." (Sol Bilou, *Humboldtov dar*, „Grafički zavod Hrvatske", Zagreb, 1979, str. 157)

[18] *Seobe III*, str. 475.

[19] *Seobe III*, str. 464.

[20] Isto, str. 405

[21] *Seobe III*, str. 72.

[22] Isto, str. 185.

[23] Isto, str. 476

[24] *Seobe II*, str. 449.

[25] *Seobe III*, str. 209.

[26] Isto, str. 214.

[27] Isto, str. 442.

[28] *Seobe III*, str. 479.

PUTOVANJA

Putovanja omogućuju potpuniji kontakt čovjeka sa svijetom koji ga okružuje, odnosno, potpuniju komunikaciju sa onim što je van njega, ali, retroaktivno, i bolju komunikaciju sa samim sobom. Putovanje materijalizuje veze među udaljenim krajevima, među ljudima. Ono je sumatraistička komunikacija racionalne jave, eksplicit sumatraizma višeg reda.

Onaj nedefinisani nagon za putovanjima koji nalazimo kod junaka Miloša Crnjanskog, u stvari, definisan je željom i nastojanjem ljudi da sumatraističke veze, nedostupne ljudskom umu, ostvare u konkretnom življovanju. To je nastojanje da se smanji, a u pojedinim trenucima i ukine, granica između svjetova racionalne jave i onog drugog svijeta „objektivnog" života o kojima sam pisao na kraju prethodnog poglavlja.

Ni jedno djelo Crnjanskog nije statično ni inertno. Njegov kompletan opus pulsira i kreće se u svim pravcima dostupnim ljudskoj nozi, od Srbije, Rusije, Londona, Rima, Pariza, Minhena, Beča, Pize, Berlina, Španije, Afrike, Amerike, Krfa, Jadrana, do Skandinavije, Islanda, Polarnog kruga, Dalekog istoka, dalekih ostrva Polinezije i ko bi sve još nabrojao. Njegovo djelo je u neprestanom pokretu, kao što je i on sam bio. Putovanja su i najuočljivija koheziona sila koja vezuje čitav opus Miloša Crnjanskog u jednu neraskidivu cjelinu. Uostalom, stalno kretanje je kosmička sudbina, a sumatraizam, kao univerzalija u koju se uklapa ljudsko putovanje, mora dijeliti tu sudbinu da bi bio univerzalija.

Putovanja nisu uvijek željena, nego su uslovljena nekim višim potrebama ostvarivanja nekakvog kontakta.

„Morao je svaki čas da ide onamo kuda nije hteo (...)"[1]

„(...) sve to nije išlo ni po njegovoj želji, ni po njegovoj volji."[2]

„Mi nismo više u zemlji u kojoj bismo hteli biti."[3]

Ova ljudska kretanja mogla bi se definisati kao posljedica volje nekih drugih ljudi (u ratu, na primjer), ali ona to nisu jer i volja tih ljudi uslovljena je nečim drugim, nekim vezama višim, vezama u koje su uključeni svi ljudi i sve njihove volje.

„Najgore, međutim, nije ni to. To što su rasprodali sav nakit, to što je ona prodala i poslednji komad brilijanata svoje matere, knjaginje Mirske, to što on mora da gleda kako radi te lutke, ni to nije najgore. Najgore je to što im je ova strašna varoš oduzela i ono, poslednje, u životu čoveka, što je svetlo u čoveku. Volju. Englezi ih teše da je tako moralo biti, jer je to volja božja.

Slabo verovatno.

Sigurno je samo da život kakvim sada žive – i on, i hiljade, i hiljade, Rusa, stotine hiljada – nije život po njihovoj volji, a nije tačno, ni, da je to, bila, njihova volja. Zavise, ne od Boga, nego baš od ljudi, od Londona, iz kojeg nema izlaza – od majora koji se zove „baštovan". Gardner. Pa i od te njene babuške, grofice Panove – i tog Robinsona, ne na nekom, pustom ostrvu, nego u podrumu, sred Londona. Englezi su im, uostalom, i na Krimu, bili ostavili slobodnu volju. Da biraju. Mogli su da biraju. Smrt u Odesi, u Kerču, ili ulazak u Nemačku, okupatorsku, ili englesku, savezničku, špijunažu. Kuda želite, knjaz? Imate slobodnu volju, birajte! Poljaci su se poženili u Škotskoj. Imali su slobodnu volju! I mi, Nađa, možemo. Možemo u neki dom staraca i starica. Imamo slobodnu volju. Tamo će nam zalogaji ispadati iz usta. Zalogaji imaju slobodnu volju. Tako im je žao. So sorry."[4]

Zato i jesu razmišljanja Vuka Isakoviča o njegovom stalnom pokretu ovakva:

„Ratujući godinama, on je bio davno navikao da se vozi u bitke, tako, u kolima, bez smisla i bez razloga, u nekom neizbež-nom redu, po volji tuđoj, kraj zemalja tuđih (...) Setivši se svojih, osetio je koliko pripada drugome, nekome što ga ovako šarenog i nadodeljenog vodi tamo amo, zajedno sa tom vojskom, kojoj je samo noge video, u oblaku prašine, kako ide, u korak.

Prepuštajući, kraj kola, šumarke, doline i proplanke, tresući se u kolima, Vuku Isakoviču se najposle učini kao da svet stoji, ali da on prolazi vozeći se besciljno i bezumno."[5]

Već samo inspirisanje Crnjanskog Odisejom pri pisanju *Lirike Itake* dovoljno nam govori o značaju koji je Crnjanski pridavao putovanjima u ljudskom životu i o nekom višem, sudbinskom, poticaju nego što je sam rat da se na ta putovanja ide, kao što u *Odiseji* ili, još više, u *Ilijadi* Homer iznad ljudske odluke da se krene u rat stavlja volju bogova.

I kada se završi rat, taj, na prvi pogled, uzrok stalnom kretanju, nagon za putovanjima je i dalje prisutan i pokazuje se kao nešto mnogo dublje od tih spoljnih, prividnih uzroka, kao nešto što je slično onome što i led pokreće:

„Kretanje leda, oko Špicbergena, zavisi, i danas, od nekih, još neobjašnjenih, prirodnih pojava."[6]

Tako je i kod Crnjanskovih junaka:

„Ništa nije postigao, ni u ovom ratu, kao ni ostali, i sve to njegovo hodanje i seljakanje samo se jednako nastavljalo. Do dna, međutim, u sebi, osećao je da je nemoguće da sve to tako prođe, i kako ga vuče glas neki, u njemu, obećavajući mu nešto vanredno, pri svršetku."[7]

Ovaj krajnji cilj u stvari je fatamorgana smirivanja koja stalno na selidbe i vuče.

„Odseliti se treba zato, otići nekuda, smiriti se negde na nečem čistom, bistrom, glatkom kao površina dubokih, gorskih jezera, mišljaše (...)[8]

To je fatamorgana koja proizlazi iz vječnih pitanja:

„Što se ljudi ne smiruju, što putuju, što, kao ludi mravi, trče, tamo-amo?"[9],

a koju želi da učini stvarnom i Aranđel Isakovič i Crnjanskova žena:

„Aranđel Isakovič osetio je divlju potrebu da svemu tome stane na put, da se negde zadrži, i da i druge prisili da stanu."[10]

„Menjaju se, ne samo naše adrese, nego i mesta u kojima živimo, pa i kraljevstva gde smo se zatekli. Sećam se da mi je žena, pre polaska, rekla, da je umorna već od tog neprekidnog seljakanja i da je željna da fiksiramo naše prebivalište već jednom."[11]

Ova utopijska želja posljedica je nastojanja da se samostalno upravlja svojim životom, o čemu govori Rjepnin u već pomenutom odlomku iz *Romana o Londonu* (vidi: str. 54) i o čemu na potpuno isti način razmišlja i Vuk Isakovič u *Seobama:*

„Živeti po svojoj volji, bez ove strašne zbrke, idući za svojim životom, za koji se beše rodio. Idući nečem vanrednom, što je, kao i nebo, osećao da sve pokriva."[12]

No, živjeti po svojoj volji neostvarljivo je ako se živi u svijetu sumatraizma, a ne poznaju njegove tajne zakonitosti.[13]

Zato je čovjek u Crnjanskovom konceptu svijeta osuđen na tautologiju na koju je on osudio Pavla Isakoviča:

„On je prolazio. Prolazio i prolazio."[14]

i Nikolaja Rjepnina koji

„Nigde nije mogao da se skrasi (...)"[15]

i za koga

„Možda nikakvog, drugog smisla život i ne može imati, (...) sem to, da je prolazio, po tuđini, prolazio (...)",[16]

te čitave porodice Isakoviča i Rjepnina:

„Uvek su se Isakoviči selili. Nikada sretni nisu bili. Proleća, leta, jeseni, i zime, uvek su drugde dočekivali – nikad suvih gaća, kaže, iako nisu rakova tražili."[17]

„Rjepnini su, rekao bi Nađi, uvek, voleli da se skitaju."[18]

čitave nacije i prirodne mijene:

„Godine su, međutim, ređale se i prolazile. Život se nastavljao, a smrti su bile besmislene. I drugi su nacioni izumirali i drugi su se nacioni selili. Svud prolaze, zime, proleća, leta, jeseni."[19],

ujedinjujući putovanja i prolaznost svega u vječnosti, jer i prolaznost je vječna, kao što je vječna voda koja stalno teče, prolazi, vječno. Zato Crnjanski na kraju *Seoba* uzvikuje:

„Bilo je seoba i biće ih večno, kao i porođaja, koji će se nastaviti.

Ima seoba.
Smrti nema!"[20]

da bi se sve to slilo u kosmopolitski zaključak o obućarima u *Romanu o Londonu* koji i jesu podanici putovanja:

„Oni su kod kuće svud na svetu."[21]

i u, gotovo definicijom ekspliciran, kosmopolitizam autora:

„Taj nagon, da se čovek, i u tuđim zemljama, oseti kao kod svoje kuće, ja mislim da je znak, jedne velike zajednice, osjećaja zajednice, ljudi."[22]

koji ukazuje na vrhunski ostvarenu komunikaciju putovanjem, jer putovanje Zemlju pretvara u vavilonski toranj – zato Crnjanski u trenucima malodušnosti pred tim ogromnim konglomeratom piše:

„Život je tako kratak. Ako se još i putuje u njemu, gubi svaki smisao i svršava se u bezumlju."[23]

ili:

„Nesreća je seljenje."[24]

ali mu je suštinski zadatak da bude jedan od elemenata uspostavljanja razumljive komunikacije među svim partikulama tog tornja, jedan aktivan elemenat sumatraizma kao univerzalne komunikacije.

Sve ovo zaokružiće se u unutrašnjoj zakonitosti sumatraizma:

„Vratili su se tamo odakle su pošli. Dugo su hodali po svetu, da tamo stignu."[25]

te putovanja označiti kao mogućnost razrješenja tajne života:

„Sve što je bilo zbrkalo se u meni, ali sad, kad odem, sve će da se razjasni u životu, u mome, u mome."[26]

Putovanje je u djelu Miloša Crnjanskog forma čiji je sadržaj ista ona veza, ista ona komunikacija između svjetova racionalne jave i onog drugog, objektivnog svijeta (vidi: str: 50) koji je van čovjekove svijesti (čovjekova svijest je njegov dio), a koji sobom nosi pravu suštinu života, kao što je komunikacija između ta dva svijeta ostvarena preko formi, medijuma, sna i smrti (vidi: poglavlja *San* i *Smrt*). Zato će često pratiti jedna drugu.

„Prolazi, rastanci, odlasci, nestajanje, suze, pogrebi."[27]

„Veli, da se smirimo jednom. Meni onda pada na pamet rečenica na španskom: da se smiruju samo mrtvi – se quedan solo los muertos."[28]

U snu se često putuje, nešto neuobičajnije nego na javi, ali sa istim ciljem uspostavljanja naprijed pomenute komunikacije. U sintezi putovanja i sna, koja slijedi, Crnjanski će nas podsjetiti na slične fenomene u Brankovom *Putu* i Nazorovom *Beškarini:*

„Tu, na tom prenoćištu u Karpatima, imao je, prvi put, i jedan nov san, koji je bio još lepši, još zanosniji, nego pređašnji.

Bila je došla i počela da ga grli i ljubi, pa se uz njega pribi, a on oseti, iznenađen, da više nisu na zemlji, nego lete.

Leteli su, nad dolinom Ondave, nad stenama Beskida, daleko iznad Duklje, a taj let je bio tako prijatan, nečujan, lak, kao da nisu imali krila, a nisu morali krilima ni maći. Dizali su se u visinu.

Leteli su u nekoj toploj mesečini, i prelazili lako – kao žut list na vetru preko druma – planinske vrhove u palvetnilu, iznad zemlje, koja je ostala, sa svojim brdima i šumama, u dolini. Taj let, sa vrha na vrh, bio je nešto najluđe i najprijatnije, što je Pavle doživeo, u životu."[29]

I još jedna sinteza, jedan vapaj u kome su sublimisani san i putovanja i usmjereni ka ostvarenju komunikacije među ljudima:

„Trebalo bi tražiti spasa, iz te vrtoglavice sna. Trebalo bi pozvati ljude da stanu, da se ne rastaju, da ne nanose bola, da se opet sretnu."[30]

Kao što san i smrt sobom nose dvojstvo (vidi: poglavlja *San i Smrt*), tako je ono zapreteno negdje i u želji za putovanjem.

„Isakovič je bio, očigledno, čovek, koji nikad ne živi u onom mestu, gde se nalazi, nego priželjkuje da u neko drugo mesto ode. Čovek, koji nikad nije bio zadovoljan u onoj koži, u kojoj je, nego kože menja, kao zmija. Kao vuk dlake. A ostaje isti."[31]

Nerijetko putovanje materijalizuje sjećanja, ostvarujući na taj način jedinstvo dva medijuma kroz koja se izpoljavaju sumatraične komunikacije.

„Ono što je Rjepnina, naročito, bilo začudilo, bilo je: da je vraćen, tamo, otkud je bio – za uvek – otišao. Kućerina u kojoj je sad stanovao, bila je, slučajno, na svega nekoliko koraka, od kućerine, u kojoj je, za vreme rata, stanovao – dok je London goreo."[32]

„Naš brod je stajao pred ostrvom Jan Majen, kao i pred Islandom, ceo dan. Ja sam zavoleo to ostrvo, jer ga je prvi ugledao jedan holandski moreplovac, koji nije bio sretan u životu, pre nekoliko stotina godina. A kad se vratio u svoju zemlju, tražio je, posle, tri puta, ponovo, to ostrvo. Tamo su međutim magle česte i dugo traju. Nikad ga više nije video, ni našao.

Ja sam ga video. Na njemu ima vrh koji liči na Vezuv, na Etnu. Vulkan. U snegu i ledu."[33]

Sve ono što je Crnjanski napisao o putovanjima i što je sam doživio na njima sumiraće se u iskustvima mudraca koji je ostvario svoju mirnoću, mirnoću koju Crnjanski nakon svega doseže ne više u teoretskom, već u iskustvenom sumatraizmu.[34] .

„Treba, kažem sam sebi, proučavati, naći neki smisao u tom putovanju u tuđinu. Treba proučavati nešto stvarno. Pre sam proučavao Arktik, ali sad samo zagledam fotografije, koje sam snimao pred ostrvom Jan Majen, u Arktičkom okeanu – ili slike sicilijanske, sicilijanskih, šarenih, dvokolica, na vašaru, u Notu. Međutim, sad sve manje i slikam, na putu. Čemu to?

Sećam se dok sam išao po Jutlandu, ili po Islandu, meni je bilo stalo i do statistika, i ekonomskih podataka, tamo. Sad mi se to čini smešno. Kad sam prošao kraj Lofota, ja sam se interesovao čak i za ribolov tamo. Sad mi se to čini sasvim smešno. Sad su mi dragi samo neki rumeni Dolomiti, u moru – ovde, na terasi, kod „Valadijea", u Rumi. I pitam se otkud ta strašna lakomislenost, kojom se, u mladosti, odlazi u stranu zemlju? Je li to zato, što nam se čini da je život dug i da ima vremena da se vratimo?

Oni, što odlaze daleko, da se tamo nasele, i, tobože, nađu sreću, čemu li se nadaju? Zar ne osećaju da je to samo jedna prazna radoznalost ljudska i neka vrsta starog, prastarog ludila čovekovog, koje su zapazili već i stari Grci.

Kako je čovek pohlepan, na putu, u mladosti. Sve bi da vidi. Pravi planove i čitav raspored kud sve želi da stigne i šta sve namerava da iskusi. Unapred obeležava mesta na karti. A kad se počne stariti, sve se to izmeni. Putuje se na dohvat, bez reda, a mnogo štošta napusti. Ostaje se duže, nego što se nameravalo, u nekom malom mestu, na nekoj klupi, uz šum morskih talasa. Sluša se šum morskih talasa i, da se nastavi putovanje, i ne misli. Dok je čovek mlad, kad putuje, željan je i nekih interesantnih doživljaja. Pa i romana. A kad se počne stariti, vidi se, da i nema u životu drugog romana, sem tog, jednog, kako se ostari."[35]

„Mesecima sam išao po pozorištima, školama, izložbama, skupštinama, i jednako razmišljao šta da vam sve javim. Sad, kad treba da počnem, da se prepirem, da napadam, da branim, sve mi se to čini smešno i dosadno. Voleo bih mesec dana, mesec dana, svaki dan, sto puta, da vam javim: ne bojte se, setite se večnosti, sve je dobro, nema greha, nema zakona, nema jave, gledajte u nebesa, udišite zrak bezbrižno, dolazi proleće, oslobodite se svega."[36]

Sve ono što je napisao o putovanjima, Crnjanski je sažeo u jednoj rečenici, ukazujući na njihovu funkciju u sumatraizmu:

„Bio sam na kraju sveta; mesto svog života, videh jednu blagu, beskrajnu, zelenu svetlost."[37]

---

[1] *Seobe I,* str. 142.
[2] Isto, str. 143.
[3] *Roman o Londonu I,* str. 66
[4] *Roman o Londonu II,* str. 13
[5] *Seobe I,* str. 206 – 207.
[6] *Kod Hiperborejaca I* str, 80.
[7] *Seobe I,* str. 273.
[8] Isto, str. 274.
[9] *Seobe III,* str. 98.
[10] *Seobe I,* str. 199.
[11] *Kod Hiperborejaca I,* str. 24.
[12] *Seobe I,* str. 356
[13] A da Crnjanskovi junaci ne poznaju te zakonitosti, pokazaće nekoliko primjera:
„Gde su oni? Kuda idu – kud vodi tu ženu, koja je pošla sa njim tako mlada?" (*Roman o Londonu I,* str. 68)
„Sve je tako pomešano u ljudskom životu." (*Roman o Londonu I,* str. 171)
„Ko zna šta je život (...) Greh? Život? Ko zna šta je to. (...) Život, greh, red, zakoni, granice, sve su tako mutni pojmovi za mene." (*Dnevnik o Čarnojeviću,* str. 66)

„Međutim, taj nered u stvarnosti, i mislima, dok se svlačim i ležem u postelju, nije samo moj doživljaj i moja fantazmagorija. U trenutku, kad me hvata prvi san, ja se sećam, da su mi, u poslednje vreme, o tome, pričali i drugi, mnogi, moji poznanici." (*Kod Hiperborejaca I*, str. 24)

[14] *Seobe II*, str. 353.

[15] *Roman o Londonu I*, str. 54.

[16] Isto, str. 283.

[17] *Seobe III*, str. 472.

[18] *Roman o Londonu II*, str. 16.

[19] *Seobe III*, str. 482.

[20] Isto, str. 483.

[21] *Roman o Londonu I*, str. 162.

[22] *Kod Hiperborejaca I*, str. 94.

[23] Isto, str. 18.

[24] *Drame*, str. 46.

[25] *Roman o Londonu I*, str. 185

[26] *Proza*, str. 190.

[27] *Seobe III*, str. 69.

[28] *Kod Hiperborejaca I*, str. 24.

[29] *Seobe III*, str. 190.

[30] *Kod Hiperborejaca I*, str. 25.

[31] *Seobe III*, str. 435.

[32] *Roman o Londonu II*, str. 9.

[33] *Kod Hiperborejaca I*, str. 85.

[34] Mada ne želim potencirati vezu između literature koju je stvorio Miloš Crnjanski i njegovog života, jer mislim da bi štetilo kompleksnosti Crnjanskovog djela i gurnulo ga u goli realizam ili, čak, feljtonizam (što ono, u stvari, nije), a i sam Crnjanski piše:

„Nikada poeziju ne mogu tumačiti podaci o životu pesnika." (*Kod Hiperborejaca II*, str. 200),

ipak te dodirne tačke postoje, što, htio ili ne htio, potvrđuje i Crnjanski kada piše esej o Njegošu.

[35] *Kod Hiperborejaca I*, str. 18 – 19.

[36] *Putopisi*, str. 23.

[37] Isto, str. 63.

SMRT

Ono pred čim život obično zaprepašćeno zastane jeste njegov antipod koji ga kao sjenka prati, a na koji se malo života za svog trajanja naviknu – smrt. Kao što prati sve nas tako prati i junake Miloša Crnjanskog, samo što je Crnjanski često ističe, nerijetko stavlja u prvi plan, oko nje preplíce događaje i ugrađuje je kao fenomen u svoje filozofske spekulacije. Misaonost je jedna od bitnih karakteristika likova Miloša Crnjanskog, a misaonost bez fenomena smrti nemoguća je, pa je sasvim razumljiv kvantitet, ali i kvalitet, razmišljanja posvećenih ovom fenomenu u literaturi Miloša Crnjanskog. Upravo to je i razlog što mu posvećujem zasebno poglavlje u kome želim smrt osvijetliti kao jedan segment, jedan važan segment sumatraizma.

Već sam pisao o dualizmu na kome počiva filozofska postavka djela Miloša Crnjanskog. Taj dualizam jeste život – smrt, suprotnosti koje svi ljudi žele uspješno ujediniti u bitisanju. Želja za ostvarenjem bezbolnog prelaza iz jednog oblika bitisanja u drugi tjera ljude da između ove dvije suprotnosti izgrade mostove, te će tako ta želja od nekih junaka Crnjanskovih stvoriti pontifekse.[1]

Crnjanski će uporno u svojim djelima ukazivati na ništavnu granicu između života i smrti, na samo jedan korak koji ih dijeli.

„(...) stajaše tako između života i smrti, što su bili tako bezumno, suludo, neshvatljivo, blizu jedno drugome.“[2]

U sudbinama „gospože“ Dafine i Katinke Petričevič (*Seobe*) Crnjanski će prikazati i onaj istiniti trenutak kada se ta dva antipoda neraskidivo ujedinjuju u jednom istom momentu, u jednom istom aktu – aktu rođenja novog života koji je, u ova dva slučaja, istovremeno i akt smrti i majke i novorođenčeta.

U prozi *Kod Hiperborejaca* Crnjanski će o tome napisati:

„A ta pojava da se bezbrojna deca mrtva rađaju, to me je toliko puta činilo snuždenim u životu. A da i matere nalaze smrt pri tome, i to me je snuždilo. Ta degradacija, najvažnije funkcije u ljudskom životu, činila mi se jedan dokaz više besmisla života.“[3]

Kod Crnjanskog život iz smrti proizlazi. Postoji čvrsta povezanost između nestajanja i rađanja. To je njegov sumatraizam. On vuče korijen iz ljudske predstave o vrlo jakoj vezi između „smrti biljke“ i njenog klijanja koja je, u stvari, metafora na ljudski život koju Crnjanski kao da parafrazira kada piše:

„(...) ni to nije bilo ništa drugo, nego taj nagon da se živi – koji je u njemu proklijao kao jedno zrno, iz bezbrojnog klasja, živih i mrtvih, u tom narodu.“[4]

Crnjanski svoje junake pokušava privići na prisustvo smrti. On joj zato kroz razne oblike njenog otjelovljenja (posebno u ratu) oduzima onu jezivu neobičnost koja kod ljudi izaziva strahopoštovanje. Njegovi junaci su u stalnom kontaktu sa smrću i često razmišljaju o njoj. Tako, polako, spoznaju o smrti podvrgavaju svojoj volji. Otuda kod njih nema velikog, čak nikakvog, straha pred sopstvenom smrću. Oni smrt gledaju u oči sa mirnoćom koja je posljedica navike:

„Kao svi koji su bili u ratu, i ubijali u ratu, i vratili se iz rata, i Isakovič je imao tu mirnoću pred mogućom smrću. Mir, koji kockari imaju, pri faraonu, ako su navikli na kocku.“[5]

Crnjanski je svoje djelo postavio na dualizmu dobra i zla (novelu *O bogovima* cijelu je posvetio tom odnosu), ali nastoji svojim junacima izbaciti iz glave ustaljenu formulu da je smrt eksponent zla. Odnosno, njegovi junaci shvataju da će smrt u njihovim životima predstavljati dobro ili zlo, u zavisnosti od toga kakav joj oni karakter budu dali, tj. za šta je oni budu smatrali.[6] Zbog toga kod njih umrijeti, ostati bez jednog vida života, ne predstavlja zlo. Znači da u načinu prihvatanja smrti leži i tajna života. Zato Crnjanski piše:

„Nije, dakle, život serbski bio besmislen, nego njihove smrti.“[7]

To je, u stvari, inverzija Montenjove misli:

„Onaj ko bi učio ljude da umiru, naučio bi ih kako da žive."[8]

Nastojanje da se prevaziđe strah od smrti neke je odvelo u vjerovanje u selidbu duša, nastavak života na „drugom svijetu", u postojanje pakla, itd.[9] Kod Crnjanskog toga nema. Smrt i prolaznost su kategorije koje su usko povezane u njegovom djelu.

„Smrt njegove žene bila je sad pomešana sa opštom prolaznošću svega što je bilo stvarno u njegovom životu."[10]

Isto ovo što piše u navedenom odlomku o Pavlu Isakoviču kao literarnoj projekciji stvarnog lika, Crnjanski će napisati i o Albrehtu Direru u eseju *Tajna Albrehta Direra:*

„Imao je u sebi dubok osjećaj veze s bivšim životom svojih roditelja, sažaljevanje zbog prolaznosti i saznanja neprekidne smene i nastavka života."[11]

Crnjanski je svoje junake odvikavao od smrti i privikavao ih na prolaznost razvijajući u tom smislu i filozofsku doktrinu svoje ličnosti, što je i rekao u jednom intervjuu:

„Vi pitate mene, čovjeka koji puni osamdesetu godinu, o čemu mislim. Mislim najviše o smrti. Mislim o onom što je bilo i što će biti. To nije strah od smrti. To je jedno pomirenje s tim da prolazimo, ‚kao što prolazi žuto lišće', kaže još Omir."[12]

On će to izraziti i poezijom:

> Ne daj da naše duše padnu
> i nastave ljubav našu jadnu,
> naš gorak nesrećan zagrljaj,
> nek bude svemu u tebi i meni
> grob i kraj.
>
> (M. Crnjanski, *Dosada*)

> Tek kad sine vazduh u rasuti prah,
> kroz rešetke srebrne tvojih rebara,
> da nam osvetli povorku voćaka,
> što idu i zru, da mogu svenuti.
>
> (M. Crnjanski, *Devojka*)

Uvodeći fenomen prolaznosti u svoju literaturu, Crnjanski uvodi i parametar vremenske relevantnosti, ali samo u mikrokozmos ljudskog života, dok se kategorije vremena i prolaznosti gube u široj perspektivi sumatraističkog univerzuma. Kategorija vremena je relevantan parametar ljudskog života koji je slikovito predstavljen promjenama na ljudskom licu o kojima sam pisao u fusnoti devet i, po Crnjanskom, za život čovjeka bila bi značajna samo u ovakvom smislu:

„Trebalo bi suziti vreme. Suziti, na lepo vreme svog života, i ništa više."[13]

Ovakav njegov stav jeste reinkarnacija tog istog stava iz njegovih prvih radova *(Lirika Itake, Dnevnik o Čarnojeviću)* u kojima ponavlja:

Mi smo za smrt!

(Zdravica)

Ali, iz toga se rađa nada i, kao iz Crnjanskovih fontana[14] voda, prska osvežavajuće u visine.

„Mi treba da nestanemo, mi nismo za život, mi smo za smrt. Za nama će doći bolje stoleće, ono uvek dolazi."[15]

Da su vrijeme i prolaznost odrednice egoističke individualnosti ljudskog života, a ne i sumatraističkog univerzuma, pokazuju i ove, od Crnjanskog često ponavljane, prolongacije:

„Kao samoubice, oni vide, da će za njima ostati, zgrade, ogromna varoš, bezbrojne kuće, prozori, a da će ONI prestati da žive. Da m o r a j u prestati da žive. A to, što ostaje, nikakve veze sa njima nema."[16]

„I tu je pomislio da vreme prolazi brzo, a da će taj sat otkucavati sate, i kad on ode iz Leobena, i kad ga uopšte više ne bude bilo."[17]

„Dok silazi, na stepenicama, njegov unutarnji monolog i nehotice se nastavlja, u njemu. Ova lepa igračica, igraće, i sutra, tu. Igraće mesec, dva, igraće i onda kad on i Nađa budu ležali mrtvi, u onoj kući u Mil Hilu.[18]

„Godine i sad prolaze, leto prođe i lišće žuto opada, a zatim sve zaveje sneg. Ali će, na proleće, Dnjepar opet krenuti, i valjati se, veselo, kroz tu zemlju mrtvih, prema moru, uz pesmu i igru živih."[19]

45

I poimanje onog famoznog Poovog „nikad" kod junaka Crnjanskovih afirmiše izneseni stav:

„Svi se pisci romana slažu, uglavnom, kad je reč o svetu u kom živimo. To je, kažu, neka vrsta velike, čudnovate, pozornice, na kojoj svaki, neko vreme, igra svoju ulogu. A zatim silazi sa scene, da se na njoj više ne pojavi. Nikada – nikogda. Niti zna zašto je u tom teatru igrao, niti zašto je baš tu ulogu imao, niti ko mu je tu ulogu dodelio, a ni gledaoci ne znaju, posle, kud je iz tog teatra otišao. (Ujehal – viče neko u jednom vagonu podzemne železnice u Londonu.) Pisci kažu i to, da smo samo pri tom silasku sa pozornice, svi, jednaki. I kraljevi, i prosjaci."[20]

„A ta raseljena lica gledala su, razrogačenim očima u daljinu, gde su, kao u magli, u njihovim suzama, nestajala lica onih koji su im bili dragi, a koja neće – to su znali – videti više. Nikada. – Nikagda."[21]

Od ovog stava isključivosti u ljudskom životu, već se u istim riječima Varvare Stritceski u *Seobama* naslućuje u onome „sresti tako" nešto što je izvor takvog poimanja života:

„Neće ga, sad zna, sresti tako, više, nikada![22]

Slijedi primjer iz *Seoba* iz koga se vidi odnos junaka Crnjanskog prema naprijed pomenutom vjerovanju u seobe duša:

„Smert, kaže, kao materina ruka, uspavaće i grešnika i bludnika i ubicu. Kapetan njega uzalud plaši, ako ga plaši. Smert je, kaže, toliko moćna, svemoguća, kao more, koje sve nas odnosi, kao zrna peska, sa obala mora adrijanskoga. Nema pakla niti će on goreti u paklu, ili iko drugi."[23]

Ili, u Crnjanskovoj poeziji:

> Vetar studeni duše, ne stidi se mene,
> nema duše,
> ni zakona ni časti,
> nad bolom ima vlasti
> još samo telo golo.
>
> *(Uspavanka)*

Ono što iza pokojnika ostaje nije njegova duša, nego, po sumatraizmu, ono za šta je taj ugasli život bio vezan. Upravo zbog toga sam naprijed opisao pristup Crnjanskog smrti, jer takav pristup omogućen je vjerovanjem da će se taj život nastaviti u objektu s kojim je pokojnik bio sumatraično povezan. Otuda je za sumatraizam vrlo značajno pitanje odnosa i povezanosti mrtvih i živih, prošlosti i sadašnjosti (pitanje koje je neodvojivo od prvog), a čiji je posrednik fenomen smrti koji zbog toga i zauzima u djelu Miloša Crnjanskog istaknuto mjesto.

Kao poznavaocu i poštovaocu kineske, i uopšte istočne, misli, Crnjanskom je moralo biti poznato poštovanje predaka u Kini koje čini snažnu i neraskidivu vezu između prošlosti i sadašnjosti.[24] Ovakva veza je kod Crnjanskog evoluirala u jedan značajan elemenat sumatraizma. U njemu ima i prizvuka predstave o seljenju duša koja je poznata u svim djelovima svijeta i na svim stepenima kulture. No, svakako ne stoji zaključak da je Crnjanski te prastare predodžbe bukvalno prenio u sumatraizam. One su se u razvitku sumatraizma mogle naći kao jedan njegov elemenat zbog toga što u sebi nose karakter univerzalnosti. A sumatraizam je univerzalija prije svega. Otuda riječi Crnjanskog:

„Kad mu je umro otac, hteo je da se smiri. Nekako čudno obuhvati ga ta veza sa mrtvim ocem; bio je to mir, spokojstvo, a sve što oko njega beše, na svetu, šareno, ludo, bezumno i besmisleno.“[25]

„I dok se sve drugo vrtelo oko njega i bez reda i bez smisla i zbrkano, te njegove misli na oca nalazile su ga na obroncima brda, pred vidnim, proletnjim predelima, kao i ovde nad gradskim krovovima, pa su sve dovodile u red, rasporedile, smirile.“[26],

mogu da na podsjete na vjerovanje Pigmeja u Kongu po kome sin prima u sebe dio duše mrtvog oca.

Ili usku povezanost predaka i prošlosti sa živima i događajima u sadašnjosti:

„Veli, čemu da se izvesne stvari pričaju i kažu? Čemu pričati ono što je prošlo? Svi smo smrtni, pa ćemo sa ovoga sveta, ko pre, ko posle, otići. Pa će sve, što je prošlo, postati besmisleno. Kao i da nije bilo.“[27]

„Pa nismo to mi, ja i ti, koji nećemo da se smirimo, nego kosti naše, što iz zemlje iskaču.“[28]

Ovakav odnos nosi sobom sumatraističku povezanost prošlog i sadašnjeg koju smrt, začudo, čini još jačom.

„Smert je to što nas, poznanike, i familije, najviše, vezuje i zbližava."[29]

„Nađa mu onda kaže, umorna, da je to lepo. Čovek traži neku vezu, sa onima, sa kojima je živeo, i koje je voleo. Neku vezu besmrtnu. I posle smrti. To je prirodno. Ima nečeg neprelaznog u toj želji. I mi, Kolja, treba da se volimo, tako."[30]

„Vezani su oni sad, mnogo jače, tom smrću."[31]

Ove riječi objašnjavaju vezu Pavla Isakoviča sa njegovom mrtvom ženom, vezu koja u *Seobama* predstavlja jednu nit koja zajedno sa ostalim nitima čini potku sumatraizma u tom romanu, a to je nit koju Crnjanski provlači kroz cijeli svoj opus i koja se zove – sjećanje.

„Te uspomene iz njenog detinjstva, ništavne, kojekakve, besmislene, sitne, vezivale su, sad, tog sujetnog čoveka za njegovu mrtvu ženu, mnogo više, nego kad bi je se setio (...)[32]

„Neka bliska veza postojala je između te žene i njegove mrtve žene, u njegovom sećanju, koja ga je, iako nije bila strast, vezivala i za ovu, nerazdvojno."[33]

I u *Romanu o Londonu:*

„Šta u njegovom životu hoće ta građevina prošlosti? Šta hoće, uopšte, u njegovom, i Nađinom, životu, prošlost."[34]

„Kao da će moći da pobegne od tih veza, u prošlosti, od tih slučajnosti, od te strašne sličnosti – možda i istovetnosti – Rjepnin naslanja čelo o prozor kraj svoje glave, zagledan u mrak."[35]

I u *Kod Hiperborejaca:*

„Sećam se da kažu, kad smrt nastupa, samrtnik, u poslednjem trenutku, ima viziju čitave svoje prošlosti i celog svog života. Za nekoliko sekundi, kažu, preživi, još jednom, sve svoje uspomene, na samrti. Koješta, kažem sebi. Pa to je nemoguće! Nemoguće, i psihološki, i patološki."[36]

Ovo neće biti samo literarna konstatacija Crnjanskog. To je i njegova životna stvarnost. On će povodom smrti svoga brata Jovana napisati snahi Jovanki:

„Smrt onih koji su nam bliski, dugo godina, ima i tu čudnovatu posledicu da nam tek posle smrti dolaze često na razgovor, na priču, na povratak u prošlost, u sećanju."[37]

Crnjanski će maestralno, u jednoj rečenici, povezati kategoriju smrti sa kategorijama metafizičke misaonosti, vodom i putovanjem, a sve u cilju kohezione čvrstine raznih elemenata sumatraizma:

„Um ljudski je za morem, na putu, a smrt nam je za vratom".[38]

Tako će smrt uklopiti u jedan univerzalni serkl u kome smrt i prolaznost nemaju onu karakteristiku uništenja života koju imaju za ljudski mikrokozmos. U toj univerzaliji život je jedinstvena kategorija i on se vječno nastavlja. Samo stalni nemir i kretanje, sjedinjeni sumatraizmom, tu vladaju.

„Godine će prolaziti. Ko bi mogao nabrojati tice, koje se sele, ili sunčane zrake, koje Sunce seli, sa Istoka na Zapad i sa Severa na Jug? Ko bi mogao da predskaže, kakvi će se narodi seliti i kuda, kroz stotinu godina, kao što se taj nacion selio? Ko bi mogao nabrojati zrna, koja će, idućeg proleća, nicati na svetu, u Evropi, Aziji, Americi, Africi?

Neshvatljivo je to ljudskom umu.

Tamo, kud su Isakoviči i taj Soldatenovolk otišli, kao i toliki njihovi sunarodnici, koji su na svojim leđima, kao puž, svoju kuću nosili, nema više traga, svemu tome, sem ta dva-tri imanja.

Bilo je seoba i biće ih večno, kao i porođaja, koji će se nastaviti.

Ima seoba.

Smrti nema!"[39]

---

[1] Pontifeks je bila titula najuvaženijih rimskih sveštenika, a znači graditelj mostova, naravno, u prenesenom smislu – mostova među ljudima. U našoj književnosti mogli bismo Andriću dati tu titulu.

[2] *Seobe I*, str. 282.

[3] *Kod Hiperborejaca I*, str. 95.

[4] *Seobe III*, str. 358. Ova predstava će kod Crnjanskog dobiti afirmaciju i na planu društvenih previranja:

„Osećao sam da je jedna Evropa potpuno propala, ali da se i jedna nova pomalja, isto tako krvava." (R. Popović, *Život Miloša Crnjanskog,* str. 35)

[5] *Seobe II*, str. 210.

[6] U polarnim krajevima ljudi odvajkada svijet dijele na dobro i zlo, na njihove ekvivalencije – svjetlost i tamu, ali vječni život ne pripisuju svjetlosti, dobru, niti smrt tami, zlu. Oni smatraju da su ljudi živjeli u tami dok

su bili besmrtni, a da je jednom jedna stara žena rekla: „Mi želimo svjetlo i smrt" i tako je nastala smrt. Vidimo da oni smrt vezuju sa svjetlošću, sa dobrom.

[7] *Seobe III*, str. 478.

[8] Mišel de Montenj, *Ogledi*, „Kultura", Beograd, 1967, str. 34.

[9] Kod Crnjanskog i pop misli ovako:

„Pavle, koji, je, posle dužeg vrememna, hteo da se umili jednom čoveku, upita onda, veselo: „Lepo, lepo, ali šta će biti, sa grešnikom, na samrtnom času? Kad treba poći u pakao?"

Pop se i na to setno smeškao.

Tu priču o užasima pakla, kaže, izmislili su papežnici!" (*Seobe II*, str. 295).

[10] *Seobe II*, str. 450.

[11] *Eseji*, str. 237.

[12] R. Popović, *Život Miloša Crnjanskog*, str. 246. Koliko je kod Crnjanskog snažan ovaj stav o prolaznosti potvrđuje i njegovo stalno vraćanje na ovu (u gornjem tekstu navedenu) Homerovu izreku, u stvari, na četiri stiha iz *Ilijade* koje govori Glauko, vojvoda likijski, u susretu s Diomedom:

> Kakvo je lišće u šumi, i ljudsko pleme je takvo:
> jedno lišće vetar po zemlji rastura, drugo
> rada brsnata šuma kad proletnje osvane doba.
> Tako i ljudi: jedni uzrastaju, nestaju drugi...

(Homer, *Ilijada*, „Prosveta", „Nolit", „Zavod za udžbenike i nastavna sredstva", Beograd, 1981, str. 89)

U obimnom djelu *Kod Hiperborejaca* Crnjanski će napisati:

„I ljudski rod je kao lišće, koje opada i koje vetar raznosi, kaže Omir." (*Kod Hiperborejaca I*, str. 27),

da bi u istom djelu parafrazirao:

„Prolaze kao nepoznati prolaznici. Vetar ih odnosi kao žuto lišće." (*Kod Hiperborejaca II*, str. 186),

ili u *Dnevniku o Čarnojeviću:*

„Lišće mi njiše zbogom, i pada. Zar nije ljubav samo lišće? Ja tako malo volim ljude, a lišće me tako dobro umiri. Moj život zavisi od njega." (sumatraična veza; *Proza*, str. 47).

U *Romanu o Londonu* njegov Rjepnin ponavlja:

„Nađa, ja sam u školi učio da je Omir rekao, da mu se ljudski rod čini kao lišće jesenje, opalo, koje vetar raznosi." (*Roman o Londonu I*, str. 184),

a i u *Seobama* Crnjanski varira ovu temu:

„Kao što jesenji vetrovi nose, kad duhnu, svelo lišće, sa drveća i grana, duž puta, pa podižu, visoko, ono, koje je opalo na zemlju, tako su i te gomile iseljenika u Rosiju, iz Bačke i Banata, prolazile, te jeseni, kroz hungarsku ravnicu i brdovitu Slovačku, a nestajale na prevojima Karpata." (*Seobe III*, str. 143).

U *Kapi španske krvi* Lola Montez kaže Luju:

„- Ugušite to u krvi, Luj – šaputala je s bezumnim besom – niste li mi sami uvek govorili da su ljudi za vas samo žuto lišće?" (M. Crnjanski, *Kap španske krvi*, „Nolit", Beograd, 1970, str. 174).

I u Crnjanskovoj poeziji ova simbolična ekspresija veoma je česta:

> Umreću, pa kad se zaželiš mene,
> ne viči ime moje u smiraj dana.
> Slušaj vetar sa lišća svelog žutog.
>
> *(Serenata)*

> Sa tugom novom i bezdanom
> u slast vitlaju željom neobuzdanom,
> ko svelo lišće, sva bića.
>
> *(Nove senke)*

> Želim:
>> da posle snova
>> ne ostane trag moj na tvome telu.
>
> Da poneseš od mene samo
>> tugu i svilu belu
>> i miris blag...
>
> puteva zasutih lišćem svelim
> sa jablanova.
>
> *(Trag)*

> Ne, nisam, pre rođenja, znao ni jednu tugu,
> tuđom je rukom, sve to, po meni razasuto.
> Znam, polako idem u jednu patnju dugu,
> i, znam, pognuću glavu, kad lišće bude žuto.
>
> *(Stražilovo)*

I u nekim već navedenim odlomcima u ovoj knjizi nalazimo ovu simboličnu sliku. Na strani 46. naveo sam odlomak iz *Seoba* o Pavlovom snu u kome on i njegova mrtva (!) žena lete „kao žut list na vetru".

Varijacije na temu u čijoj se osnovi nalazi misao o prolaznosti su i one nastale od rečenice:

„TRAG NJIHOVIH KONJA ZAVEJAĆE SNEG" (*Kod Hiperborejaca I*, str. 17), koju ponovo susrećemo u istom djelu:

„Misao na smrt, rada misao na trag konja, koji nestaje u snegu, kad jahači odi." (*Kod Hiperborejaca I*, str. 18),

i koju Crnjanski razvija u cijelo poglavlje *Seoba* u kome piše o prelasku Srba preko Karpata na putu za Rusiju (a posebno u poglavlju pod naslovom *Put u Rusiju vodio je u visinu*, u kome opisuje odlazak Pavla Isakoviča), da bi na kraju *Seoba* napisao:

„Godine i sad prolaze, leto prođe i lišće žuto opada, a zatim sve zaveje sneg." (*Seobe III*, str. 483).

I „metamorfoza" je često ono čime Crnjanski materijalizuje prolaznost, vizuelno je predstavlja. Ta riječ, koja kod Crnjaskog nosi u sebi duboku istinu o životu, često se ponavlja u njegovoj literaturi, a najupečatljivija je u opisu Rembrantovih portreta. I o ovim portretima pisaće Crnjanski dvaput, u dva različita djela, ponukan istom potrebom svog nepromenljivog stava o afirmaciji prolaznosti kao i u prethodnim primjerima.

„Kažem, da bi se smejali, u Moskvi, da neko može ovako da me, sad, vidi. Nada, ovaj niz portreta, autoportreta, Rembranta, koje smo po raznim muzejima videli, jedan je od najluđih, doživljaja, koje smo imali. Te promene na Rembrantovom licu – pa i na mom licu – na svakom ljudskom licu, najluđa su metamorfoza, mislim, koja se može doživeti. Oči postaju oči konja, mačaka, žaba, rupe, sline, šupljine, nosevi krompiri, repe, a podvaljci vise, kao prasci, krmače, lepinje. Nema većeg slikarskog dela, od tih autoportreta Rembranta. To je vanredan roman o životu, u zlatnoj svetlosti i boji. Kako je bio drzak, spočetka, kad drži mladu ženu na krilu. Kako je bio ohol, kad je metnuo šešir sa nojevim perjem, na glavu. Taj flamanski, veliki šešir nikad neću zaboraviti. U čiju je boju bio pomešao, prvi put, boju jesenjeg lišća. Možda je tada bio mojih godina? A vidite li kako je snuždeno skrstio ruke, ovde, u muzeju? Sećate se? Lice je već podbulo. Kosa razbarušena; oči su tužne. Nos je naduven. U pretposlednjem portretu se već nemoćno smeška. U ovom, u Londonu, ni suza više nema. Ima samo jedna beskrajna, ljudska, tuga." (*Roman o Londonu I*, str. 120)

„Čitav niz autoportreta Rembrantovih samo je taj roman, na licu jednog čoveka – kako se stari. Ali taj roman nije ni potrebno napisati, svaki ga doživi i sazna, svaki." (*Kod Hiperborejaca I*, str. 19)

Jednu gotovo frenološku analizu koju susrećemo u navedenim odlomcima, Crnjanski će razviti u cijeli sistem materijalizacije prolaznosti na ljudskom licu.

„Ceo ljudski život i nije ništa drugo do promena na našem licu." (*Roman o Londonu I*, str. 17)

„Sećam se da sam se, nekad, grohotom, smejao, fotografijama i dagerotipijama u albumu, porodično-knjaževskom. Čudna mi čuda, mislio sam. Umro teča? Umrla tetka? Video sam i one naše, kanibalske, poslednje, fotografije, umrle sestrice u mrtvačkom sanduku. Knjaginjica Rjepnin? Sad vidim da je sve to, nehotična, glupa, fotografska, imitacija Rembranta. Ro-

52

man ispisan koštunjavom rukom smrti, od kojeg, u životu ljudskom, drugog romana i nema. Metamorfoza. Znamo kako se svršava.

Niki, prestani, ne misli na to.

Gledamo se, jednog dana, ovako, u ogledalu, i vidimo, kakve smo sve šešire nosili. Sećaš se, Nada? U francuskim familijama drže čitave zbirke slika, artiljerijskih narednika, pa i generala. Svi mrtvi. Na polju časti – kažu. U stvari, na utrini prolaznosti. Neki i od prostatita. U raznim kapama. Uniformama. Na glavi sa peruškama." (*Roman o Londonu I*, str. 121)

(O funkciji ogledala, koje ovdje Crnjanski pominje, pišem u poglavlju *Dvojnik*. Nimalo slučajno nije što se ono pojavljuje na oba ova mjesta. U ogledalu čovjek vidi svog dupleksa i na njegovom licu vidi svoje stvarne karakterne crte. Zar to nije frenološki homo duplex, onaj isti koga se boji generalica u Crnjanskovoj drami Maska:

> GENERALICA:
> Vi stalno prevodite psalme... bojite se akcenta,
> a ja se bojim samo ogledala." (*Drame*, str. 43)

Da je riječ o naročitoj literarnoj frenologiji, Crnjanski potvrđuje izvođenjem nekih zaključaka pri portretiranju likova:

„Jean Pernaud je bio čovek šezdesetih godina, a pored plećatosti, lako se pamtio i po nosu, jer je bio nosat, kao što su Francuzi, protestantskog porekla." (*Roman o Londonu I*, str. 158)

Ova literarna frenologija posebno se krije u obaveznoj izuzetnoj fizičkoj ljepoti Crnjanskovih glavnih junaka koja je redovno u sprezi sa njihovim karakterom.

Glavni junaci Crnjanskog, osim što imaju sličnosti u fizičkoj ljepoti, podsjećaju dosta jedan na drugog i svojim načinom života, svojim stremljenjima i svojom životnom filozofijom. Pavle Isakovič, Nikolaj Rjepnin, Nikola Tesla, imaju dosta zajedničkog u svojim životnim sudbinama, uklapaju se u jedan tipski lik Crnjanskove literature. Život u tuđini, nostalgija za zavičajem, konflikt sa okolinom, visoka duhovna stremljenja, melanholija (od koje, da kažem usput, nije imun nijedan jedini lik, mali ili veliki, u literaturi Miloša Crnjanskog) karakteristike su svih ovih likova. Detaljisanjem bismo otkrili i vrlo slične događaje u životima ovih junaka pa se stiče utisak da su svi ti likovi inkarnacija prototipa jedne literarne ličnosti Miloša Crnjanskog.

[13] *Roman o Londonu I*, str. 321.

[14] Fontane, koje sam pomenuo u tekstu, simbolične su građevine u eksterijerima Miloša Crnjanskog. Berninijeva fontana u Rimu (*Kod Hiperborejaca II*, str. 170), fontane Peterhofa u *Romanu o Londonu* i niz bezimenih vodoskoka i fontana rasutih po djelu Crnjanskog simbolizuju nadu, najčešće uzaludnu, kao što je ona Rjepninova u povratak u Rusiju:

„Ako već hoće nešto da joj priča, neka joj ponovi, pre nego što ona zaspi, opis fontane u Peterhofu koje su, prema njegovom pričanju, samo pena i ništa više, a pretvaraju se u balerine, o kojima im je Barlov pričao, pa skaču, uvis, i trče po vodi, kanalom, do mora." (*Roman o Londonu II*, str. 153)

To je asocijacija Crnjanskova na Branka koji vapi:

„Nado moja, valjda nisi pena?" (*Poezija*, str. 130)

Očigledna je simbolika fontane koja se nalazi pred sedmospratnicom u koju se Rjepninovi sele u Londonu s nadama za budućnost (*Roman o Londonu II*, str. 22) ili pominjanje te iste fontane pri odlasku Nađe u Ameriku kada se ponovo rađa nada u bolji život. (*Roman o Londonu II*, str. 193)

Nada čovječanstva jeste i u Teslinim strujama koje on poredi sa fontanama i sa zvijezdama na nebu (vidi: *Drame*, str. 312) dajući im tako onaj kosmogološki karakter o kome ću pisati u poglavlju *Komunikacije*.

Nije slučajno što je baš fontana simbol nade jer ona stavlja vodu u čovjekovu službu, vodu o čijoj sam filozofskoj dimenziji u opusu Miloša Crnjanskog pisao u poglavlju *Voda*. To je ona filozofska suština vode koja krijepi dušu, kao što u narednoj slici voda krijepi tijelo, slici metaforičnoj koja sobom nosi ezoteričnu suštinu ljudskih nada, suštinu prelaska iz svijeta razočaranja u bolji svijet sumatraističke univerzalnosti i mira na čijem se razmeđu nalazi lipa (sveto drvo Starih Slovena) i bagrem (sakralno drvo kod Crnjanskog).

„A što se Pavlu bilo dopalo, pod lipama, u bagrenju, bilo je nekih česama, za koje se pričalo da imaju lekovitu vodu – koja je bila čista kao suza, i u prolazu, za svakoga.

Te česme su šumele i pljuskale celu noć u providnom mraku." (*Seobe III*, str. 375)

[15] *Proza*, str. 78.

[16] *Roman o Londonu I*, str. 56.

[17] *Seobe II*, str. 450.

[18] *Roman o Londonu I*, str. 95.

[19] *Seobe III*, str. 483.

[20] *Roman o Londonu I*, str. 9.

[21] *Roman o Londonu I*, str. 21.

[22] *Seobe III*, str. 342.

[23] *Seobe II*, str. 297.

[24] Ovdje je potrebno napomenuti da se misli na vjerovanje u duhove, u postojanje „drugog svijeta", protiv čega je bio Konfucije (Kung Fu-tzu) iako se i on zalagao za poštovanje predaka, odnosno njihove kulture i običaja, a ne njihovog zagrobnog života. Protiv toga su, uostalom, bili i budizam i taoizam, ali je ipak narodno vjerovanje bilo snažnije od tih promjenljivih doktrina i konstantno se održavalo bez obzira na vladajuće religije koje su se mijenjale i bile protiv njega.

[25] *Seobe I*, str. 142.

[26] Isto, str. 144.

[27] *Seobe II*, str. 388.

[28] Isto, str. 445.

[29] *Seobe III*, str. 340.
[30] *Roman o Londonu I*, str. 66.
[31] *Seobe III*, str. 379.
[32] Isto, str. 138.
[33] *Seobe III*, str. 338.
[34] *Roman o Londonu I*, str. 267.
[35] Isto, str. 268.
[36] *Kod Hiperborejaca I*, str. 12.
[37] R. Popović, *Život Miloša Crnjanskog*, str. 227. Ovdje će Crnjanski afirmisati svoju izjavu, napisanu u Mostaru, 1921:

„Ja sam đak Kineza, a ako baš hoćete originalan." (*Život Miloša Crnjanskog*, str. 77),

povezujući smrću bližnjih i sjećanjem na njih prošlost i sadašnjost, kao što su to još drevni Kinezi činili.

[38] *Seobe II*, str. 363.
[39] *Seobe III*, str. 483.

DVOJNIK

Još u staroegipatskim i staronjemačkim vjerovanjima pojavljuje se dvojnik koji se rađa s čovjekom i, barem kod Staroegipćana, štiti ga od svih životnih nedaća.[1] Samo iniciranje predstave o dvojniku lako je izvodljivo iz opšteg dvojstva na kome počiva svijet: dobro – zlo. Pošto čovjek, kao mikrokozmos, posjeduje elemente i jednog i drugog, to je udvajanje ličnosti logična posljedica sukoba toga dvoga.

Podvajanjem svijeta, odnosno života, na racionalnu javu i na stvarnost „višeg reda", određena su i mjesta boravka ovih dvojnika. San je veza između ta dva svijeta (o čemu ću pisati u poglavlju *San*), san u kome se, po primitivnoj svijesti, duša odvaja od tijela koje ostaje na mjestu spavanja dok duša spavača odluta na daleka mjesta i proživljava stvarnost „višeg reda":

„Kao da se duh može odeliti od tela, činilo mu se, da može, u mislima, preći ulicama kroz Ekseter, kao da je sišao da provede dan u toj varoši, koju je bio zavoleo."[2]

> Na javi je duša moja bogat seljak,
> veseljak.
> Samo u snu, ko Mesec bleda
> i tako ko On nevesela,
> po svetu bludi.
>
> *(Moja pesma)*

Pošto je san medijum komunikacije između čovjeka i njegovog dvojnika, koji obilazi njegovom razumu nedokučive predjele, to pri buđenju, odnosno pri ponovnom sjedinjenju oba dijela ličnosti u cjelinu (koja predstavlja jedinstvo suprotnosti), u podsvijesti ljudskoj ostaju neki tragovi toga putovanja i samo u pojedinim trenucima i na javi čovjek bude svjestan svog dvojstva koje je nosilac spoznaje „objektivnog" života po sumatraističkim vezama.

Crnjanski će dosta jasno ukazivati na podvojenost ličnosti i dvojniku, kao fenomenu, daće dosta zapaženo mjesto u svom opusu, mjesto koje mu po njegovoj prirodi nosioca sumatraističkih veza i pripada.

U *Dnevniku o Čarnojeviću* Petar Rajić ovako susreće svog dvojnika:

„Tada, jedno veče, došao je on, ja ga nikada više zaboraviti neću. Brzo je nestao posle, pa ipak, on mi je bio više nego brat."[3]

Na nekih petnaestak stranica ovoga romana, Crnjanski opisuje susret Rajića i njegovog dvojnika, a taj susret je, u stvari, san Rajićev u jednoj bolnici za tuberkulozne. Komunikacija Rajića i njegovog dvojnika svodi se na to da dvojnik ukazuje Rajiću na „Objektivni život":

„Molio me je i preklinjao da ga slušam. Jednako je pričao o nebu. Spokojno je sedeo na palubi, ili hodao gore-dole, zastajkivao i gledao u more i nebo. Mislio je o mladosti, a pričao mi je zamršeno, kao moj život. Tu je more bilo neke zelene boje kao trava u proleće; dugo je šaputao o toj boji. Posle je opet pričao o nekim rumenim prugama na nebu i dokazivao mi da su mu one pokazivale put, i da je plakao od radosti gledajući ih, a nikad dotle zaplakao nije. Sve je to bilo tako čudno, ali ja sam mislio da sam zaspao, no se trgoh, i videh ga kako stoji preda mnom sa svećom u ruci i šapuće mi, svetleći mi u lice: „Nebo, nebo".[4]

Dvojstvo i san su povezani i u *Romanu o Londonu:*

„Da li zato što mu se žena ruga, ili zato što se prenosi u mislima u prošlost – kao da sanja, nekog drugog u sebi – on je zatim gleda, ispod oka, svojim krupnim, crnim, azijskim, očima, žalosno."[5]

U *Seobama* susrećemo dvojnika Vuka Isakoviča već u prvoj knjizi:

„Ražalošćen, i u kolima, on se toliko bio zaneo svojim mislima da mu se činilo, katkad, da vidi samog sebe kako leži na senu i kako ga voze. Činjaše mu se da sedi sam sebi do nogu, pod visokim jelama, i vidi svoje ogromne čizme i utegnute butine, kao i razdrljene, kosmate grudi, čipke košulje i srebrne gajtane, kao i viseće, debele obraze i pljosnat nos. Činilo mu se da gleda u svoje velike, podbule žućkaste oči, sa tačkicama kraj zenica i da vidi i crni svoj ogrtač kojim je bio zaogrnut. Činilo mu se da samog sebe razgovara."[6]

„Sve to prošlo je tako besmisleno da se Vuku Isakoviču činilo jednako kao da postoje dva Vuka Isakoviča, jedan koji jaše, urla, maše sabljom, gazi reke, trči po gunguli i puca iz pištolja, idući prema Majncu, ili zidinama Lujevih utvrđenja, koja su se jasno ocrtavala nad vodom, dok ubijeni padaju i ostaju na zemlji. I drugi koji mirno, kao senka, korača kraj njega i gleda i ćuti."[7]

Nesumnjiva je sumatraistička veza racionalne jave i neke skrivene metafizike ostvarene udvajanjem.

O postojanju takve veze kod Pavla Isakoviča, u drugoj knjizi *Seoba*, čovjeka, u isto vrijeme, i realiste i gnostika i sanjalice, izlišno je govoriti, jer je ona tako evidentna. Navešću samo primjere dvojstva kroz koje se ona afirmiše:

„Isakoviči su, otada, živeli, takoreći, dva života. Jedan za sebe, a jedan za taj svet njihovih, islúženih vojnika."[8]

„U tom jutarnjem vazduhu, koji je bio tako hladan i mio, ispod lipa, u polumraku kapije, Isakoviču se činilo da ne postoji on tako, samo, u Budimu, nego da je ostao i tamo, u onoj dereglíji, na Begeju. Činilo mu se da neki Isakovič nije, iz Temišvara, ni izišao, i, da još stoji tamo, pred onim traktirom, gde je bratence ostavio."[9]

„Video je – tako mu se pričini – sebe samoga, kako iziđe iz sebe samoga, i odlazi i nestaje za Trifunom, za kolima, za dugim redom kola."[10]

„Kao da, sa njim, još neko hoda po kući, ali taj drugi, uvek u drugoj prostoriji."[11]

Da dvojnik nije privilegija samo odabranih, Crnjanski će pokazati udvajajući i Varvaru:

„Ona, eto, sad ima sina, i sretna je, ali, zašto da krije – zašto bi to bilo sramotno – i njega, Pavla, voli kao da u sebi ima još jednu Varvaru."[12]

I gospoda M. M. iz *Suznog krokodila* je udvojena:

„(...) sva ta dobro znana soba, u kojoj je dosad živela dva života (...)"[13]

I „gospin ljubavnik" iz istog romana osjetiće nešto slično:

„Činilo mu se kao da i on stoji, tamo, uz njenog muža, kome je osramotio dom, i da gleda, zajedno sa njim, u to jutro." [14]

Dvojnike susrećemo i u *Romanu o Londonu:*

„Postoje, oboje, samo u toj svojoj prošlosti. Nisu više, tako reći, ni živi. Žive u Londonu, kao neki tuđi život."[15]

„Šošo, pustite me da se pretvorim, bar za nekoliko trenutaka, u nekog drugog, u nekog, ko bih rado bio, u nekog, ko bi mogao da vas spase od onog što nas čeka."[16]

„Kao što to često biva, kad je čovek nesrećan, u životu, ili iznemogao od gladi, ili probuđen u noći, u nepoznatoj kući, prestaje da vidi samog sebe, nego mu se čini, da je postao neko drugi. Na nekoj slici života koji nije njegov. Sa tim dvojnikom nas vezuju fantastične veze, koje se ne mogu protumačiti."[17]

„Niko nije ono, što mu ime kaže, u životu. Niti onaj čije ime nosi."[18]

„U dugogodišnjim brakovima ruskih emigranata, bračni parovi su tako osetljivi na promene raspoloženja svog bračnog druga, da im život postaje udvojen, kao što su dva seizmografa istog instituta."[19]

„Pokušao je da objasni, da se, u njemu, ruskom emigrantu u Londonu, bore dva bića, koje on, u šali, u sebi, naziva: Jim i John."[20]

I česta pojava pokojnog Barlova, Rjepninovog prijatelja, posljedica je Rjepninove podvojene ličnosti:

„Da to nije ni rekao. Nego pokojni Barlov. On ga je čuo, da, tako, iz njegovog trbuha govori. Izgleda da je čak to, Barlovu, činilo naročito zadovoljstvo"[21]

(U ovom odlomku nalazimo i potvrdu o tome kako je Crnjanski ovaploćivao sumatraističke veze poslije ljudske smrti (vidi: str. 87). Ono što je iza pokojnog Barlova ostalo jeste objekat s kojim je on bio sumatraistično povezan prijateljstvom kao komunikacijom – dio Rjepninove ličnosti, a ne njegova duša.)

„Srednjij klas, srednjij klas, ta ledi – mrmljao mu je Barlov, ili John, ili Jim, u uši."[22]

„Kao da on više nije on. Onaj koji je dotle bio. Nego neki drugi Rjepnin, koga je, katkad, kao iz prikrajka, krišom, začuđen, posmatrao. To je bio čovek koji se ispravio. Drugo je lice imao. Druge godine. Čovek koji se u toj kući pojavio kao Rjepnin, posle onog Rjepnina koji je, dotle, bio."[23]

I Tesla pretpostavlja svoga dvojnika kada kaže, u drami *Tesla:*

„Otići ću u posetu samom sebi (...)"[24]

U drami *Tesla* nalazimo i dvojstvo u genezi, tj. podvajanje ličnosti i prenošenje jednog njenog dijela u potomke (up. sa naprijed napisanim o ovaploćivanju sumatraističkih veza poslije ljudske smrti):

„Kad me je ispitivala (starmajka) o poseti, koju sam napravila vama, sve joj se činilo zanimljivo. Kao da je ona išla vama u posetu."[25]

Nešto slično susrećemo i u *Seobama:*

„Njegovi bratenci imaju decu, pa će uobraziti da se njihov život nastavlja, u deci, da je to njihov život, isti život, koji traje večno."[26] (Mada govori o „uobraženju", ovome će Crnjanski dati afirmaciju u završnom odlomku *Seoba.*)

Lolu Montez, u romanu *Kap španske krvi,* podvaja strah:

„Ne bojim se nikog, samo sebe, dragi Berks – govorila je igračica izlazeći na vrata ministarskog kabineta, kao neka ohola, crna paunica. – Kad naslonim, pokatkad, čelo na prozor i pogledam napolje, iz života u koji sam se sklonila, u mrak i noć, čini mi se da vidim onu drugu koja je isto što i ja, pa ipak samo žalost, praznina i slika stakla, što je i sama prah."[27]

Crnjanskov pejzaž sobom nosi dvojstvo svijeta zapreteno u vidljivoj slikovitosti i u nekakvom metafizičkom naslućivanju nečeg što je „izvan nas", a što priroda u sebi sadrži:

„Red jablanova uz železničku prugu i dalek drum, bio je pun vrana, a na pruzi još je ležala ogromna senka šuma sa brda; jata vrana su nestajala u tami dolina kao u nekom velikom gnezdu. Sunce se pomaljalo, utonulo dotle u maglu, negde iza dalekih planina i počelo da obasipa svetlošću dana i najavljuje vrhove, tako, da sad postadoše vidni. Činilo mu se kao da vidi, da nad zemljom ima još jedan svet, u svetlosti jutra."[28]

Međutim, ni u opisu enterijera Crnjanski neće ostati na banalnoj monofonosti života opisujući komade namještaja. On će u svakom svom enterijeru napraviti prolaz u onaj „drugi svijet", svijet iza ogledala. Naime, Crnjanski se, kao i Luis Kerol,[29] poslužio ogledalom, koje već i po funkciji svojoj udvaja svijet, odnosno čovjeku vizuelno predstavlja njegovog dvojnika, ali ne da bi u njemu odrazio život ispred ogledala, nego upravo život iza ogledala u koji čitalac, kao Alisa, može da uđe, kao što ulazi njegov junak Pavle Isakovič:

„Bio je pognuo glavu i video je sebe, među mnogim ogledalima, kao da postoji još jedan Isakovič, koji ponavlja svaki njegov korak i, kroz ogledala, prolazi."[30]

Zato Crnjanski u opisu scene u drami *Konak* piše:

„(...) među vratima, veliko bečko ogledalo. U njemu se sve scene ove slike vide u duplikatu, iracionalno"[31],

tj. da bi gledaoci mogli da prate i događaje na sceni, ali i da uđu i u onaj „drugi svijet". Znači, cijela drama *Konak* je postavljena tako da svaki akter ima svog dvojnika i da gledalac može pratiti događaje na sceni i ono što se dešava iza ogledala.

Sve junake Crnjanskog, kao legendarnog Narcisa (što su svi oni pomalo), izjedala je čežnja da vide odraz svog lika pa im je Crnjanski na svakom mjestu postavljao ogledala u kojima se može vidjeti odraz njihovog života, karaktera, ali onog pravog. Kako kaže sam Crnjanski:

„(...) ogledala koja nam kazuju istinu, tek da se u njih zagledamo, dobro."[32]

Pošto sam počeo primjerom iz drame *Konak,* da kažem da se i u četvrtoj i u petoj slici te drame ponovo pojavljuje ogledalo kao sastavni deo scenografije, a u petoj se posebno naglašava, kao i u prvoj, njegova funkcija.

„Na desno, minderluk i dve fotografije, ispred velikog ogledala."[33]

„U garderobi je i ogledalo na zidu u kome se poslednja scena vidi kao dvostruka, irealna."[34]

I u druge dvije drame Crnjanskog, *Maska* i *Tesla,* ogledalo se pojavljuje kao upadljiv i nezaobilazan deo dekora.

„Levo grdno ogledalo, jedan otoman tako pun svile i jastuka, kao da je iz „Hiljadu i jedne noći" pao u taj salon, tako mavrijski plav, kao da je ukraden iz Alhambre. Na njemu se mogu dvoje sakriti, toliko je za njim cveća, da se niko ne vidi."[35]

„Iza tog poprsja ogledalo. Desno od ognjišta, vrata, koja vode u ostale prostorije kuće. A levo od ognjišta, jedna mala pozornica, a prikaz, tada vrlo omiljenih, takozvanih ,živih' slika. Kao pozorište lutaka."[36]

Ovo ogledalo iz drame *Tesla* će u Čarlsovoj replici (lice u drami *Tesla*) dobiti potpunu afirmaciju nosioca dvojstva potvrđujući se kao siguran element piščeve namjere da mu tu ulogu dodijeli.

ČARLS:

Nemate? Kajaćete se. Mi smatramo da će taj čovek postati vaš dvojnik. On nije Amerikanac, vi jeste. Mi smo obavešteni o tome šta se u Londonu sprema. Markoni je: i engleska pošta, i vojska, i admiralitet. Iza njega stoje i lordovi. Markoni je, Tesla, vaš alterego. Dvojnik se u ogledalu, iza nas, nikad ne vidi. Ali ubija. Admiral želi da se vi – kad Markoni zatraži patent u Americi – pojavite u Londonu. Da kažete: stop."[37]

Uočljivo je da u opisu enterijera uz ogledala uvijek idu neka skrovita mjesta, tajna mjesta ili mejsta za igru (o funkciji igre u djelu M. Crnjanskog pišem u poglavlju *Igra i bajka*). Uporedimo li funkcije ogledala i igre, biće potpuno jasno zašto su oni često zajedno u Crnjanskovom djelu.

Obilje je primjera u opusu Miloša Crnjanskog koji govore u prilog naprijed rečenog, o ulozi ogledala u njemu. Navešću neke, a svaki će poznavalac literature Miloša Crnjanskog lako, upravo preko ogledala, prepoznati događaje iz raznih djela, ali i njihovu suštinsku pozadinu, dublji plan.

„Naprotiv, jure pod zemljom, i paralelno. Tada svaki u vagonu, vidi, za tren, dva, svoje lice, sebe, i u drugom vozu, kao u nekom podzemnom ogledalu, i nestaje brzo."[38]

„Reći će joj nešto, što joj nije rekao. Namešta sveću koja dogoreva pred ogledalom, pali jedan drugi patrljak, pa kaže, tiho:

Major mi je dao otkaz. Moramo da se selimo. (...) Ustaje sa postelje i počinje da traži neki nov, veći, komadić, sveće, oko čiraka, a kad ga je našao, vidi i sebe u ogledalu. U nekim fantastičnim bojama i čudnim plamenovima – kao neko priviđenje."[39]

„Neka bira restoran: Cova? Biffi? Odobrovoljena, onda i ta žena pristaje na tu ludu misao, pa kaže: Biffi. Muž joj onda predaje jelovnik. (Podiže u polumraku, neke, bačene, novine, sa patosa, pa pita, šta želi.) Pršut, smokve, ćureće grudi? – Filetto di tacchino? – a na kraju, sladoled? Kakvo vino?

Ležeći u postelji, žena mu onda kaže, tužno – zna se: ono što on hoće. Posmatra ga, i kaže: uvek je poručivao ono, koje je, on, želeo: barollo. Muž joj širi ruke u mraku i dovikuje nekom u mrak: „Cameriere".

Zatim diže jednu šolju, sa ogledala, u kojoj još ima malo čaja – koji, pri svetlosti sveće, liči na mokraću – pa dodaje: „Da pijemo, Nađa! Posle pet godina, prvi put, opet, barollo! Da bog da, skončao, ko nam zavidi, i na tom!"[40]

„Kao da se 'Fantastična simfonija' svira po njegovoj narudžbini, čovek ustaje, i počinje, pred ogledalom, okrenut leđima ogledalu, da mlatara rukama, kao da u ruci drži dirigentsku palicu. Ne oseća ni hladnoću. Na sred sobe, osvetljen svetlošću sveće, on ima, sad, na zidu, neku ogromnu senku." [41]

„Da potkrepi ono, što je tvrdio, pokazivao je tu sliku. U sećanju, Rjepnin je sada vidi uveličanu, strašnu, kao u velikom ogledalu. Žena sa detetom u ruci stoji kraj njega i plače.

Tako je Rjepnin, u Londonu, tog trenutka, video da čovek, katkad, postaje ono, što je mislio da je slika, nečeg, što se događa daleko."[42]

„Prolaznici, međutim, prolaze kraj njega, kao u nekom ogledalu, koje umnožava i njega."[43]

„Crnu svoju utegnutu, putničku haljinu bila je raskopčala toliko kao da je htela da pokaže ogledalu iza sebe lepotu nekog mramornog ženskog kipa."[44]

„Iznad mramornih stepenica, kao i pod zlatnim cvetovima loža, njegova ličnost oličavala je studenta, fantasta, budućeg samoubicu. Iza njega je bilo dva ogledala i on je tako video sebe, odjednom, živog nekoliko puta."[45]

„Iz tog predsoblja, ulazilo se u sobu, u kojoj je imao ogromnu postelju, a tolika ogledala, da se Pavlu činilo da je sa njim ušlo pet Isakoviča, koji su se kretali, kad se on kretao, sa desna, sa leva, sa leđa."[46]

„I u toj prostoriji, raskošno nameštenoj, bilo je mnogo ogledala, tako da je svega bilo pet puta više, nego u stvarnosti, u životu. A to ga je uznemirilo."[47]

„Isakoviča su bili, pri ulazu kod ambasadora, raskoš nameštaja, ogledala, i veliki, franceski, prozori, kroz koje su se videli kestenovi, zasenili. On se klanjao Kajzerlingu, zbunjen – to jest on se klanjao Kajzerlingovom dvojniku u ogledalu – a ne Kajzerlingu, koji je stajao na drugoj strani, sa jednom nogom na fotelji."[48]

„Docnije je dobio lepu, franceski udešenu, sobicu, iznad ulaza.

Imala je tri ogledala.

Pavlu se učini, kao da će iz njih izići gospoža Božič, koja čeka."[49]

„Pavle onda, kao mesečar, napusti sobu, u kojoj je audijenciju imao. Učinilo mu se, u jedan mah, da je, u jednom ogledalu, spazio lice Višnjevskovo, koji se zacenio."[50]

„Trljajući alkoholom obraze, ona je pod očima nalazila sve više bora i kesica, uzdišući. Bestidno dignutih nogu na ogledalo, sva zauzeta brigom oko svoga lica, svojih očiju, svoga tela, kao da je bila već zaboravila tu noć i ružno jutro. Činjaše se spokojna."[51]

„Zagledana u sebe, u ogledalu, ona radosno ugleda svoju glavu. Njen bledi lik, sa orlovskim nosem, i te svetle, žute, oči, okrugle, i njena malo isturena, donja vilica, sa tamnom senkom malja nad usnama, sve je to bila slika jedne strasne, crnomanjaste žene, koja se nije zaboravljala brzo. U Nici su joj, jednom, pri igranci srpskih izbeglica, obukli, muško odelo španskog plemstva. Odlično joj je, kažu, stajalo. Imala je u njemu mnogo uspeha. Zadivljena i zadovoljna pisala je tada svome mužu, da oseća da je ona već živela nekad, u davno vreme, u Španiji. Misleći da obične duše ne mogu imati takva uobraženja, njen muž joj je odgovorio, podrugljivo, da je, odsad, neće zvati Jovanka, nego don Giovanni.

U zbrci pitanja, koja su joj deca neprestano postavljala, uz te svoje misli, ona oseti da je umorna i pokuša da ih što pre ukloni od stola i iz kuće. Kao svakoj majci, u neprilici, i njoj se činilo da je usamljena i da ta deca, koju je videla i u ogledalu iznad stola, nju i ne trebaju u životu. Da među njima, i njinim životima, ona prolazi, neprimećena, kao sen. Zato ih je, sa dosadom i ispratila."[52]

„(...) zatim sam se pogledao u ogledalu. Kunem vam se da nisam poznavao sam sebe, i činilo mi se da sam još u Piemontu zaljubljen kao što sam bio (...)[53]

Afirmaciju dvojnika nalazimo i u fenomenu smrti kod Crnjanskog. Kao što kod snova duša (dvojnik) napušta tijelo i luta prolazeći kroz razne situacije koje, u stvari, sanjamo, to se isto dešava i prilikom umiranja, samo što se, u tom slučaju, dvojnici više ne sastaju nikada, nego ovaj drugi (duša) tvori sumatraističku vezu između umrlog i živih, odnosno između „objektivnog" života i racionalne jave.

„Za njega, kaže, smrt bi bila, kao da se probudio, a zna da više nikad neće svanuti, pa bi lako nastavio i sklopio oči u mraku. To bi bio samo san, koji bi se nastavio. A život, bio, pa prošao."[54]

Tako bi, na primjer, onaj sumatraistički kontakt Pavla Isakoviča i njegove mrtve žene trebalo posmatrati u smislu takvog dvojstva umrle.

---

[1] I Crnjanski piše:
„Kao da postoji neki njegov anđeo, čuvar – u kojeg je kao dete verovao (...). *(Roman o Londonu II,* str. 32)

[2] *Roman o Londonu I,* str. 271. Ovdje je potrebno napomenuti da je pojam duše u primitivnoj svijesti bio materijalne prirode, tj. da je ona opipljiva a ne duhovna kategorija. Pravi sinonim za nju jeste upravo staroegipatski Ka, koji je predstavljen kao utjelovljeni dvojnik, za razliku od staroegipatskog Ba (prikazivanog kao ptica sa ljudskom glavom), koji je nezavisan od tijela, besmrtan i predstavlja duhovno dvojstvo, tj. predstavu dvojstva koja je bila zastupljena kod kasnijih kultura, pa sve do danas.
Kasnije je na razna dvojstva i podvojenosti ukazivao i Marks *(Kapital I,* str. 73), a o dvojniku nalazimo dosta u njemačkom romantizmu, kod Hofmana i Getea, zatim kod Dostojevskog, Žerara de Nerala, Anri Mišoa, do Karlosa Kastanede itd.

[3] *Proza*, str. 51.

[4] *Proza*, str. 55.

[5] *Roman o Londonu I*, str. 128.

[6] *Seobe I*, str. 209.

[7] Isto, str. 252.

[8] *Seobe II*, str. 83

[9] *Seobe II*, str. 128

[10] *Seobe III*, str. 169.

[11] Isto, str. 401.

[12] Isto, str. 339.

[13] *Proza*, str. 199.

[14] *Proza*, str. 219.

[15] *Roman o Londonu I*, str. 42.

[16] Isto, str. 73.

[17] Isto, str. 114

[18] Isto, str. 127.

[19] *Roman o Londonu II*, str. 16.

[20] Isto, str. 116.

[21] Isto, str. 262.

[22] Isto, str. 342.

[23] *Roman o Londonu II*, str. 305

[24] *Drame*, str. 375.

[25] Isto, str. 351.

[26] *Seobe II*, str. 450.

[27] *Kap španske krvi*, str. 115.

[28] *Proza*, str. 219.

[29] Malo antropološko istraživanje o ovome problemu dovelo me je do zaključka o mogućnosti da je Kerol za svoju priču o Alisi bio inspirisan predstavom koja je utvrđena na Andamanima i na Novoj Kaledoniji, a koja se odnosi na vjerovanje da je slika u ogledalu, u stvari, duša. I kod plemena Zulu, a i u staroj Heladi, postoji slično vjerovanje, samo što kod njih ogledalo zamenjuje površina vode, no suština je ista.

[30] *Seobe II*, str. 263.

[31] *Drame*, str. 94.

[32] *Kod Hiperborejaca II,* str. 208.

[33] *Drame*, str. 226.

[34] Isto, str. 276.

[35] *Drame*, str. 10.

[36] Isto, str. 342.

[37] Isto, str. 391.

[38] *Roman o Londonu I*, str. 14.

[39] Isto, str. 59 – 60.

[40] *Roman o Londonu I*, str. 70.

[41] sto, str. 72.

[42] Isto, str. 114.
[43] Isto, str. 136.
[44] *Kap španske krvi*, str. 13.
[45] *Kap španske krvi*, str. 20.
[46] *Seobe II*, str. 174.
[47] Isto, str. 175.
[48] Isto, str. 277.
[49] *Seobe II,* str. 452.
[50] *Seobe III,* str. 451
[51] *Proza,* str. 204.
[52] *Proza,* str. 207.
[53] *Putopisi,* str. 112.
[54] *Seobe III,* str. 449.

SAN

Dobro i zlo, polarizovane sile čiji dualizam vlada svijetom, razlikuju se u tome što je dobro bezlična snaga, sila, moć, dok je zlo obično utjelovljeno u nečemu (gnostičke asocijacije). Ovo, naravno, gledano s pozicije ljudske imaginacije. Upravo zbog ovoga se i smatra da se zlo može izbjeći, fizički izbjeći. To izbjegavanje zala ljudi često postavljaju sebi kao glavni zadatak. Da bi se suprotstavio takvim silama, čovjeku je potrebno da ih upozna, odnosno da im se neposredno obrati da bi saznao njihovu volju, namjere, te, ravnajući se prema tome, išao u susret silama dobra, a izbjegavao sile zla. Veza čovjeka i tih sila ostvaruje se vraćanjem, proroštvom i snovima, odnosno tumačenjem snova. Sva ova tri medijuma komunikacije susrećemo u djelima Miloša Crnjanskog i sva tri su u funkciji sumatraističke veze čovjeka i onoga što vlada njegovim životom, nezavisno od njegove volje, jer Crnjanski kaže „da nismo gospodari svojih misli, ni svojih djela.“[1]

„Neke veće sile, od čoveka, tamo, kroz oblake, vladaju.“[2]

O vraćanju i proroštvu pisaću u poglavlju *Komunikacije,* a ovdje ću se zadržati na najvažnijoj vezi čovjeka i „viših sila“, vezi kojoj je Crnjanski posvetio najviše pažnje i prostora. U sklopu dualizma dobro – zlo, Crnjanski će postaviti i dualizam san – java, nastojeći ga prevazići, ali ne u smislu bukvalnog izjednačavanja ove dvije kategorije, nego razlučivanjem jave od „objektivnog“ života, tj. od života koji nije racionalna java, nego život u višem smislu riječi koji u sebi sadrži sve segmente bitisanja. San u svojoj košmarnoj i bezrednoj slikovitosti upravo nosi elemente takvog života pa će Crnjanski zbog toga povezati čak san i smrt, jer se kod oba ova fenomena isključuje ratio [3] Dakle, kad Crnjanski piše:

„Život je san, La vida es sueño!"[4],
on misli na onaj „viši" život, život sumatraističkih veza u kome se san i java miješaju, što on često naglašava.

„Ja onda, slučajno, spominjem špansku rečenicu, koju sam već spomenuo, da je život san, i to izaziva diskusiju, o snu i stvarnosti. Moj prijatelj, novinar, zastupa mišljenje, da treba smisao tražiti u religiji. Oficiri smatraju da je talijanska renesansa najviši stepen, do kojeg ljudska prosvećenost može doći i, vele, smisao života se nalazi u ideji uživanja, onako, kako to kažu Lorenco Mediči i D'Anuncio. Kći predsednika vlade zastupa mišljenje, da je ljudska sreća u ljubavi muža i žene i porodici. Žena moga prijatelja, Albanka, zna se da je marksist, i kaže da su sve te ideje o prolaznosti, snu, melanholiji, u starosti, posledica bioloških promena kod muškaraca. Da to nema naučne vrednosti. Odgovor na tajnu života treba tražiti u materijalističkoj filosofiji.

Ja se onda branim, da je ta misao, da je život san, prisutna u celoj istoriji sveta i čovečanstava. Šekspir kaže da je naš život „od sna satkan". San, kažu, nemački filosofi. San, kaže i Sokrat, taj najčestitiji čovek Atine – koji je najveća uteha, bar meni. San, kažu i kineske Taoiste. San, kažu i na Tahitiju. Svud to kažu, gde ljudska noga kroči.

Albanka onda kaže da su to, zastareli, idealistički, pojmovi.

Ja se onda branim, da to nije nikakva idealistička filosofija, nego, prosto, moja impresija i misao, koja me ne napušta. I da mi se čini da je, pri kraju života, kod svih ljudi, opšta. A podvlačim da svakako nije patološka pojava, kao verska bigoterija. Smrt, san."[5]

Crnjanski piše o onom lazakostićevskom životu između sna i jave u kome san predstavlja nešto što čovjeka povezuje sa nečim za šta racionalna java i ne zna da postoji.

„Postoje, dakle, dva sveta, i za njega – kao svakog – java i san, ali, šta je jedno, a šta drugo, niko još ne zna. Ni on."[6]

„Stvarnost i san biće uvek, u životu ljudskom, pomešani, a kad čovek počinje da stari, stvarnost slabi, a san jača. Čovek, sa godinama, sve manje voli ono što je blizu."[7]

Upečatljivu epizodu koja afirmiše ovakve veze nalazimo u drugoj knjizi *Seoba:*

„Spavao je, posle, u odaji, koju je bio odabrao za sebe, za tu noć, a koju je nameravao da preda Petru i Varvari, kad stignu. Sanjao je gospožu Evdokiju. Međutim, oko ponoći, bio se probudio, kao u ludilu i bunilu, a pričao je, posle, da je čuo, sam sebe, kako urliče. Osećao je, kaže – osećao – kako ga je jedna ledena ruka zgrabila za gušu i kako ga davi. Imao je još samo toliko snage da se povuče do drvenih kapaka prozora, i da ih otvori. Hladan ga je znoj bio probio. Međutim, u sobi nije bilo nikoga. Ali, kaže, mogao bi se zakleti da je nekog bilo."[8]

Snovi jednim svojim dijelom imaju i semantiku kakvu imaju i igre u literaturi Miloša Crnjanskog. Naime, tvoreći vezu čovjeka i „objektivnog" života, snovi objašnjavaju i upućuju na neke epizode iz života njegovih junaka dajući im univerzalnu punoću. Sjetimo se Pavla Isakoviča koji je bio „užasnut tom potpunom sličnošću, istovetnošću, sna, i jave"[9]

„I tu, na tom prenoćištu, i te noći, nastavila se igra, koju su sa njim igrali neki đavoli, na tom putu u Rosiju. Od nekog vremena sanjao je svoju pokojnu ženu, golu, kako ona plače, a on je ljubi.

On je nju počeo da sanja, prvi put, u zatvoru, u Temišvaru, kad ga je bio okovao Garsuli, i kad ga je samo deputacija serbskih komersanata kod Engelshofena – deputacija senatora Malenice – spasla da ga Garsuli ne obesi.

Tu mladu ženu, koju je bio zaboravio, tako reći, a koja je bila tada već godinu dana mrtva, počeo je, u zatvoru, da sanja, kako mu dolazi, kako ga miluje, po potiljku, po kosi, kako ga ljubi.

Na celom putu do Beča, kud ode da traži pašport u Rosiju, mučili su ga slični snovi. Pa i posle onog ludog, nehotičnog švalerstva, prema gospoži Božič, u Beču, ti snovi nisu prestali. Naprotiv, njegova mrtva žena posećivala ga je, u snu, sve češće, sve lepša, sve primamljivija u telu, sve strasnija, u toj noćnoj ljubavi, od koje je bio, na slepoočnicama, počeo da sedi, a o kojoj nikom nije smeo da govori.

Iako se katkad njeno lepo lice mešalo, u snu, sa licem gospože Evdokije, kao i njene tužne oči, iako se katkad njeno, golo, vitko, telo, mešalo, u sećanju, sa snežnim, divnim, nogama Božičke, ta mrtva žena bi izišla, iz te mešavine, bela, lepa, i ostala sama sa njim, u zoru, kad se budi.

Bila je tako divna, tako strasna, u toj ludoj ljubavi, u snu, da se Isakovič stideo, da je ludeo, premirao kad se probudi ujutru."[10]

Uočljivo je da Crnjanski povezuje igru i san, i to igru koju vode „neki đavoli", odnosno utjelovljeno zlo. Hoću da kažem da Crnjanski potvrđuje moju ranije postavljenu tezu da je zlo uvijek utjelovljeno i da kroz san treba iskušati njegove namjere te ga nastojati izbjeći. Evo još jednog primjera:

„Međutim, i na tom prenoćištu, našli su ga bili neki zli dusi. Uoči polaska, Isakovič usni i jedan drugi san, koji ga je sasvim dotukao.

Sanjao je ženu na samrti.

Sa nekim užasnim krikom, ona mu je dovikivala: „Ne daj me!" A ponavljala, plačući, da je sve bilo isuviše kratko, da je život kratak, da se nisu još ni, jedno na drugo, navikli, da želi da rodi."[11]

U *Seobama* nalazimo još primjera u kojima je san neka metafizička veza i objašnjenja, ali zar on to nije i u *Romanu o Londonu:*

„Crveni krst ih uzalud traži. A tako ih često sanjaju. Rjepnin, skoro svake noći, hoda po Nevskom prospektu i priča joj, tužno, ujutru, o tome. Stoji na ulici i prašta se od onih, sa kojima je proveo veče. Barlov ga, do kuće, prati. Sutradan, kad se probude, muž joj priznaje da je bio na igrankama, u snu, sa nekim ženama, koje ona ne poznaje, i da je igrao sa kćerkom pukovnika Konovalova, svojom prvom, dečačkom ljubavi. Nje, Nađe, tada u njegovom životu nije još bilo."[12]

Ili:

„Ja sam bio u štabu. Sećaš se, možeš li da se setiš, kapetana Parfenova i pukovnika Nežinčeva? Sanjao sam ih. Zvali su me. U snu. Dockan je – kažu – za ma šta. Bio ti Cezar, ili Cina, Gvelf, ili Gibelin, starost te čeka. Rad ti se prekida. Prijatelji te posmatraju nemoćno, kao pre streljanja."[13]

U *Hiperborejcima* Crnjanski će tvrditi da su Rimom vladali snovi jednog čovjeka, Aurelijana:

„Jedan dokaz više da, i imperijama, snovi jednog čovjeka vladaju. San u jednom provincijskom garnizonu."[14]

Crnjanski će i Nansenov put „u carstvo večnog leda" (vidi: *Kod Hiperborejaca I,* poglavlje *O Suncu*) gurnuti u snove, kao i traženje Nove Srbije u *Seobama* ili traženje Hiperboreje („Sever je veličanstven san o zemlji, koja se hladi, i san o čoveku, koji se hladi."),[15] jer on smatra „da taj nagon odlaska u san postoji, svud, u svakom čoveku".[16]

Ovo često miješanje sna i jave kod Crnjanskog nikako ne znači bježanje od stvarnosti, nego upravo njenu evalaciju, jer je racionalna java, u stvari, „samo omama ljudskih očiju", kaže Crnjanski, pa pjeva:

> Osmehom ulazim, stigo ma kud,
> u tužne i bolne jave.
> (...)
> Ostavljam bolnim osmehom san,
> da prođe i ode i mre.
>
> *(Putnik)*

---

[1] *Proza,* str. 57.

[2] *Seobe III,* str. 76.

[3] Da ne bi remetio tok izlaganja, ovdje ću navesti primjere u korist tvrdnje u tekstu:

„(...) smrt mora biti, kao neki veličanstven san." (*Kod Hiperborejaca* I, str. 74)

„Trgao se. A zatim pomislio: sve se svodi na jedno lice u snu. Tu glavu, dakle, vidjeće, i na svom samrtnom času?" (*Roman o Londonu I,* str. 270)

Ova fenomenološka valencija nije ništa novo. Još u *Ilijadi,* u četrnaestom poglavlju koje nosi naslov Hera opčinjava Diva, stoji stih:

„Tu se nađe sa Snom, sa bratom rođenim Smrti" (*Ilijada,* str. 129)

[4] *Kod Hiperborejaca I,* str. 16.

[5] *Kod Hiperborejaca I,* str. 22.

[6] *Roman o Londonu I,* str. 268.

[7] *Kod Hiperborejaca I,* str. 29.

[8] *Seobe III,* str. 67.

[9] Isto, s tr. 189.

[10] *Seobe III,* str. 188.

[11] *Seobe III,* str. 191.

[12] *Roman o Londonu I,* str. 43.

[13] *Roman o Londonu I,* str. 124.

[14] *Kod Hiperborejaca I,* str. 377.

[15] Isto, str. 378.

[16] Isto, str. 374.

IGRA I BAJKA

Podvojenost na kojoj počiva svijet u djelu Miloša Crnjanskog bila bi isuviše jednostrana da je eksplicirana i zaokružena samo na planu misaonosti njegovih junaka. Dvojstvo svjetlost – tama, život – smrt, dobro – zlo dovelo bi njegovo djelo u sumorne predjele svijesti kojima vlada crno-bijelo viđenje svijeta i života. Zato u literaturi Crnjanskoga susrećemo i dvojstvo ozbiljno – neozbiljno koje razbija filozofsku monotoniju i u živote njegovih junaka udahnjuje onaj pravi životni dah, dah životne kompleksnosti kojom ljudi stvarno žive.

Kad kažem neozbiljno, onda ne mislim neodgovorno, nego ne – ozbiljno, tj. da se nešto ne dešava „zbilja", već da je to – igra. U suštini, i ovo je samo uslovno jer je igra sastavni dio životnih zbivanja, odnosno i ona se dešava i ima svoje mjesto u životu, ali uslovno je odvajamo od tog života jer ona ima i svoj poseban život koji je potrebno posebno sagledati u kontekstu „ozbiljnog" života.

Proza Miloša Crnjanskog neupadljivo je „nabijena" igrom. Uz svaku dogodovštinu njegovih junaka slijedi opis neke igre čiji je sadržaj usko povezan sa događajem uz koji ta igra ide. Ove igre zbog toga bih okarakterisao kao komentare na stvarne događaje, komentare koji su dati u obliku igre upravo zato što je i život jedna velika, duhovita igra u kojoj je čovjek samo akter, a ne i kreator, po sumatraizmu. Slikovitije: u literaturi Crnjanskog igra ima sličnu funkciju onoj koju imaju kola u *Gorskom vijencu,* s tim što su kola u *Gorskom vijencu* komentar naroda na istorijske događaje jednog vremena, dok je igra kod Crnjanskog ljudski komentar na kosmogološku igru, to je transpozicija slična onoj koju u svojim igrama vrše drevne plesačice Istoka, čija je performacija, suštinski gledano, oličena u igri Lole Montez u romanu *Kap španske krvi*, ili onoj transpoziciji života kroz igru Sakateke o kojoj je pisao Kastaneda baveći se učenjem don Huana. Sama ta transpozicija je sumatraistička veza života i igre (prisjetimo se samo Rjepninovih preživljavanja dok gleda igru balerine Ane Pavlovne u Londonu), odnosno veza između igre višeg i nižeg reda.

Navešću nekoliko primjera u prilog gore napisanog. Igra „zvonara u zatvoru", koju Crnjanski opisuje u drugoj knjizi *Seoba*, vrlo je simboličan komentar na položaj porodice Isakovič u vrijeme Garsulijevog boravka u Temišvaru (vidi: *Seobe II*, str. 20). Ili, društvena igra „otimanja lopte, ispod brade, ali ne sa upotrebom ruku" (vidi: *Seobe II*, str. 180) u kojoj Crnjanski kroz male epizode opisuje učešće u igri putnika koji su se našli zajedno na putu od Budima do Vijene (Božiča, Evdokije, Tekle i Pavla Isakoviča), transponuje karakter odnosa među tim ljudima, karakter njihovih težnji itd. Maestralnost u sublimisanju igre i života Crnjanski postiže kad opisuje „čestnjejšeg Isakoviča kod imperatrice", kada prepušta Višnjevskom, kao Mefistu – režiseru, da kroz jednu pravu paklenu igru prikaže i sažme sve one uzaludne težnje Pavla Isakoviča i „serbskog naciona" čija se vjera u Rusiju završava falsifikovanom posjetom „imperatrici" i opštim podsmijehom.

I Rjepninovo učešće u društvenim igrama u *Romanu o Londonu* oslikavaće njegov trenutačni položaj u životu. Sjetimo se igre dartsa (vidi: *Roman o Londonu I*, str. 302) ili društvene igre simultanog prevođenja programa stranih radio-emisija (vidi: *Roman o Londonu I*, str. 308). Ova poslednja igra, u stvari, razotkriva stvarni način komunikacije među ljudima, i u položaju ljudi kakvi su bili ovi na letovanju kod gospođe Foi – svi govore drugim jezikom, sa distance, bez razumijevanja i tolerancije.

Isto tako, „obšenjakluk društva Neapolitanaca", iz djela *Kod Hiperborejaca*, koje je „uverilo sirotinju" da je Crnjanski „neki Talijan, gospodičić, princ, iz Rima. Papinski plemić (da Roma papale)", pokazuje njegov odnos i utisak koji je ostavljao na svoju okolinu (vidi: *Kod Hiperborejaca I*, str. 95).

Nije potrebno spominjati još onaj veliki broj epizoda u kojima Crnjanski piše o igri, npr. u *Seobama* kad se kroz igru oslikava odnos Đurđa Isakoviča prema ženama (vidi: *Seobe II,* str. 163), ili epizoda igara u *Kod Hiperborejaca* (vidi: *Kod Hiperborejaca I,* str. 99, 121, itd).

Koliko je igra bliska stvarnom življenju, bolje reći, koliko je život (ozbiljne aktivnosti ljudi) blizak igri, Crnjanski će pokazati pišući o sudbini genijalnog rada Nikole Tesle. U drami *Tesla* susrećemo više takvih mjesta, a, kao primjer, evo jednog dijaloga:

AMERIKANAC I:

(Toči sebi piće i kaže:) Tesla, ova vaša komedija sa transformatorom samo je jedan dokaz više, da vama nije stalo do nas, do poslova sa nama, do uspeha u poslovima, kao svakom drugom razboritom čoveku, nego da ste željni nekih čuda. Da ostvarite u Americi neke svoje detinjaste snove. Vi ne tražite sreću u životu.

AMERIKANAC II:

Hajdemo, zadocnićemo u Operu! Ostavite, gospodina Teslu! On, kao deca, ima svoje igračke. Eksperimente. Eksperimente. Mislio sam izgorećemo. Vi ste, Tesla, uobrazili, da ste neki mađioničar, neki bog. Neki Jupiter.[1]

I rat će Crnjanski proživjeti kao jednu surovu igru viših sila koje vladaju među ljudima (ne nad ljudima), igru neminovnu dok je dobra i zla u ljudima, jer ta igra je oživotvorenje više, kosmogološke, borbe dobra i zla, svjetlosti i tame.

„Onda će naš mali Napoleone, u školu, za francuske kadete. Postaće, francuski, oficir, školovaće se, mufte. Okupator otvara pred njim vrata Pariza. Vive la France! Ne, ne, pane Tadija, ne mislim lepo o toj, poštovanoj, familiji. Ne miriše lepo, već od početka. Istorija, koja uvek laže, ispredala je čitav mali dirljivi, roman, oko tog dečaka, kadeta u vojnoj akademiji, u kojoj se školuje. Čudno dete! Slatko dete! Igra se vojnika! Ratuje! Pravi ratne logore od snega!"[2]

Pisac koji toliko prostora u svojoj literaturi posveti igri ne može zaobići bajku te i kod Crnjanskog, u dubinskoj strukturi njegovog opusa, možemo otkriti neke elemente strukture bajke, na šta i sam Crnjanski ukazuje.

Bajka je namijenjena djeci, ali i svima onima koji nisu opterećeni konvencionalnom logikom, analitičkom sviješću, i koji prihvataju sve ono što ih okružuje i sve ono što čuju u priči kao objektivno postojeće stanje te počinju miještati stvarno i nestvarno što omogućava stvaranje u njihovom mozgu „stvarnih" uobraziljnih slika koje su sasavljene od realnih stvari, uzetih iz života, nezavisno od toga što njihova stvarna funkcija ne odgovara funkciji u njihovovoj imaginaciji. Takav tip čovjeka je Pavle Isakovič, junak druge knjige *Seoba,* o kojem Crnjanski piše:

„Iako je Pavle bio uzeo trideset i osmu, stasit, rmpalija, on je, kao i njegovi bratenci, bio detinjast, nežan prema ženama, a željan nekog lepšeg života, nego što su ga imali. Radoznalost, za čuda, i svetitelje, za sve što je natprirodno, mešala se u tih grubih, jedva pismenih, oholih, oficira, u svakidašnjem životu, kao što se u njih, u pravoslavlje, sujeverje mešalo".[3]

I još jednom:

„Taj iseljenik, Pavle, u Elisavetsku Rosiju, nije život Zlatoustoga čitao kao bogoslovsko delo, nego kao čudo, u ljudskom životu, kao neku bajku."[4]

Tako će priča o Novoj Srbiji, izmišljena u svojoj osnovi, a usmjerena ka tome da slušaoce ispuni zadovoljstvom, prerasti u bajku o obećanoj zemlji u Rusiji. Svrha te bajke (kao i svake druge bajke) jeste da zadovolji sve želje njenog slušaoca, odnosno, suština bajke jeste „priželjkivanje". Crnjanski će čak svoju bajku dovesti do vrhunca kada Pavle Isakovič dolazi pred rusku caricu, ali pošto njegova priča nije sračunata da utopijski zadovolji maštu (kao što je na to sračunata bajka), on će svemu tome dati tragikomičan obrt a bajci karakter individualne zablude. Sve ovo možemo primjeniti i na Crnjanskovo traženje Hiperboreje koje je opisano u prozi *Kod Hiperborejaca I,* uostalom, kako sam Crnjanski kaže:

„Tako se priča, o čoveku koji traži Hiperboreju, kroz vekove, nastavlja."[5]

Pojednostavljeno rečeno: gdje god da se u djelu Miloša Crnjanskog javlja utopijsko zadovoljenje mašte (obično u nekom dubljem sloju strukture njegovih djela) tu imamo neke elemente bajke. Crnjanski i sam ukazuje na to kada piše da su Rjepnin i njegova Nađa „verovali" u „Bajku o Londonu"[6] po kome su se kretali „kao u nekom mravinjaku koji je ogromna bajka"[7] Crnjanski će i opravdati ovaj svoj interes:

„Kao među djecom, i među odraslima, postoji želja da se, među njima, pojavi, neka Pepeljuga, Crvenkapa, i Snežana."[8]

Zato i piše o Pavlu Isakoviču ovako:

„Kao da je bio podetinjio, ona ga je uspavljivala, bajkama, o nekom princu, koji se, sa nekim aždajama, borio. U tim bajkama Pavle je, kao dete, najviše voleo nekog čiču, sa sedom bradom, koji sedi u dvorcu i mota konce, a ti konci su bili konci noći. Svanuće, pričala je ona, kad taj starac bude noć, do kraja, namotao."[9]

Za Pavla Isakoviča Snežana je ruska imperatorica, a kao što nije opravdano vjerovati da svi odrasli ne vjeruju u bajke, tako je neopravdano vjerovati i da sva djeca podliježu jednostranom obrascu bajke pa će ta ista Snežana doživjeti drugačiju interpretaciju u epizodi razgovora Crnjanskog i kćerke sovjetskog diplomate u tekstu *Kod Hiperborejaca:*

„Oko mene obilazi mala ćerka sovjetskog diplomate i ja pitam dete, kako se zove? Ona mi kaže, ponosito: Irina. To ime me seća, junakinje, u jednom romanu Turgenjeva: „Dim". Ja joj kažem, da će biti, kad odraste, vrlo lepa. Ona me prezrivo gleda.

Zatim joj pričam – tek da bih nešto rekao – film Diznijev o Snežani i kažem, kako je kraljica, trovačica, u filmu, bila strašna, a bela Snežana, lepa. Irina se, međutim, ne slaže sa mnom.

I kraljica je, kaže, iako je trovala, bila vrlo lepa.

Pa me bezazleno gleda, svojim krupnim, lepim očima.

Njena se mati smeje glasno."[10]

Ova epizoda je i lijep primjer kako bajka prerasta u životnu priču kada postaje metaforična, odnosno kada gubi svoje osnovno obilježje: utopijsko priželjkivanje i kada počinje da se odnosi na stvarnost. Ovo mislim na vrijeme staljinizma, vrijeme u kojem se ova epizoda odigrava. Ćerka sovjetskog ambasadora, očigledno, mada vjerovatno nesvejsno, metaforizuje „kraljicu, trovačicu", na Staljina i njegov sistem, što majka, naravno, smijehom odobrava.

Iz svega naprijed rečenog razumljivo je i oduševljenje Crnjanskog za Andersena u čiju kuću u Danskoj je išao, kako kaže:

„Možda zato što sam sam, kao u nekoj Andersenovoj bajci, video njegovu sobu, u kojoj je umro, sa njegovom foteljom, nasred sobe, i velikim, kožnim, koferom, kraj fotelje, putnički kofer", zabeležiće Crnjanski svoje utiske. „Sa njim je stigao i u Srbiju. Bio je u poseti kod turskog paše, na ostrvu Adakale, a iz moje zemlje poneo je, sa sobom, ne znam zašto, jedan list, koji je žut u jesen opao. Ima ga u njegovom herbarijumu... Išao sam da mu vratim posetu Srbiji..."[11]

Neka čudna, tragikomična uzaludnost delanja, utopističke nade prate „ritere" Miloša Crnjanskog. Donkihotstvo je jedna od značajnih njihovih karakternih crta zbog toga i nije čudno što se priča o don Kihotu ponavlja kao neka pozadinska kvintesencija proze Miloša Crnjanskog.

U *Seobama:*

„U toj bici, istorija je sačuvala ataku jednog serbskog – sad rosijskog – husarskog, švadrona, na prajsku pešadiju u jednoj vetrenjači."[12]

U *Romanu o Londonu:*

„Ta krajnja stanica, do koje sam, nevidljiv, dopratio tu ljudsku senku u ofucanom šinjelu, zvala se: Mill Hill.

U tom malom mestu počela je ova priča koju osluškujemo.

Prema imenu sudeći, to je moralo biti neko brdašce na kome je, nekad, vetrenjača bilo."[13]

U *Kod Hiperborejaca:*

„Ona je pri tom koračala brže, mlatarala rukom brže, nego što se kreću vetrenjače u Španiji, u Manči.[14]

U drami *Maska:*

BARON ŠALER

(Peva nešto bezobrazno.)

BARONESA

... gde ste to čuli?...

BARON ŠALER

U Bretanji.

BARONESA *(Čezaru)*

Tamo se rodio vaš Don Kihot.

BARON ŠALER

... aber Baronesse... du weisst gar nichts... Gett! otkud on u Bretanji?!...

78

BARONESA
Šta me se tiče... sve uvek o toj literaturi..."[15]

U drami *Tesla:*

TESLA
Vas je to začudilo? Zar ne? Da neko može tražiti i tako nešto. Ne razumete to?

ČARLS
(Seda na ivicu stola. Govori drsko.) Ne razumem. Nisam načitan. Ne čitam, kod Elen, Evripida. Ponešto sam, međutim, i ja pročitao, Tesla. Don Kihota."[16]

U istoj funkciji metafore na sadržaj tekstova spominje se i priča o Robinu Hudu (vidi: *Roman o Londonu I,* str. 39), Šekspirov *San ljetnje noći* (vidi: *Roman o Londonu I,* str. 51), *Život Jovana Zlatoustog* (vidi: *Seobe III,* str. 365), *Guliverova putovanja* (vidi: *Roman o Londonu II,* str. 33), mnogi časopisi i knjige koje čita Rjepnin u *Romanu o Londonu* (npr. ilustrovana knjiga o ribama koju mis Mun daje Rjepninu da pregleda, za koju Crnjanski piše:

„Rjepnina je bila zanela sličnost – i ako mu se činila neverovatna – koju su ta podmorska bića imala, u toj knjizi, na tim slikama, sa licima ljudi i žena."[17],

Odiseja (vidi: *Putopisi,* str. 46. i *Roman o Londonu I,* str. 23) te Defoov *Robinzon Kruso* (vidi: *Roman o Londonu I,* str. 254) koji pokreće na razmišljanje o usamljenosti, o ostrvima ljudske samoživosti, ostrvima Sumatri, Engleskoj, Jan Majenu, Cejlonu, Napoleonovoj Svetoj Jeleni, Uesanu, ostrvima koja Crnjanski često pominje jer je usamljenost stalni pratilac njegovih junaka.

„Treba da se naviknemo na taj osjećaj, da smo sami, samciti, na ovom pustom ostrvu, na kom živi pedeset miliona, ljudi i žena."[18]

Ta „ostrva usamljenosti" nastaju upravo zbog loše komunikacije među ljudima, a sumatraizam treba da ih poveže „kao što deca skupljaju marke dalekih ostrva i zemalja".[19] Individualna dostignuća univerzalne komunikacije, koja zahtevaju usamljenost, da bi bila ostvarena (o čemu su pisali Ričard Bah u svom *Galebu Džonatanu Livingstonu,* Kastaneda u *Don Huanu,* Egzatiperi u *Malom Princu,* itd) nisu same sebi cilj, nego im je cilj praktična primjena komunikacije na društvo i na sve što to društvo okružuje, na uočavanje jedinstva i povezanosti svega. Dobar primjer za ovo je, recimo, život Pavla Isakoviča.

[1] *Drame,* str. 313
[2] *Roman o Londonu II,* str. 361.
[3] *Seobe III,* str. 366.
[4] *Seobe III,* str. 366.
[5] *Kod Hiperborejaca I,* str. 51.
[6] *Roman o Londonu I,* str. 45.
[7] Isto, str. 150.
[8] Isto, str. 231.
[9] *Seobe III,* str. 414.
[10] *Kod Hiperborejaca I,* str. 128.
[11] R. Popović, *Život Miloša Crnjanskog,* str. 175.
[12] *Seobe III,* str. 477.
[13] *Roman o Londonu I,* str. 14.
[14] *Kod Hiperborejaca II,* str. 169.
[15] *Drame,* str. 31.
[16] *Drame,* str. 386.
[17] *Roman o Londonu II,* str. 27.
[18] *Roman o Londonu I,* str. 24.
[19] Isto, str. 138.

EROS

Ljubav, u svim njenim vidovima, provlači se kao zmija isto-
čnog grijeha kroz opus Miloša Crnjanskog nudeći jabuku spo-
znaje, no, ne proklete spoznaje, nego spoznaje nečeg višeg i
uzvišenijeg od plotskog u čovjeku. Upravo na ovom razmeđu na-
lazimo i najžešću borbu Crnjanskog sa nagonskim. U cijelom
svom književnom djelu Crnjanski suprotstavlja evalaciju duho-
vnosti višeg reda, proživljenu kroz ljubav, spolnom aktu koji
znači, za skoro sve njegove glavne junake, ostvarenje animalnih
želja, razvratnoj pohotnosti, tautologiziranom koitu (simbolizo-
vanom u liku Mustafe u *Romanu o Londonu*), zadovoljenju nag-
ona, ne nagona prirode, nego nagona koji je njen falsifikat i insi-
nuacija zla u ljudskoj svijesti. To, naravno, ne znači da je Crnjan-
ski protiv fizičke ljubavi. Naprotiv, on je za onaj tjelesni kontakt
između muškarca i žene koji predstavlja ostvarenje i vrhunac
duhovne ljubavi i koji, u sublimaciji toga dvoga, predstavlja ka-
tarzu čovjeka izvodeći ga izvan svih efemernosti ovoga svijeta,
stavljajući ga izvan borbe dobra i zla, oplemenjujući i osposo-
bljavajući ga da odbaci dihotomije racionalne jave. Ljubav u
ovom smislu kod Crnjanskog ona je mistična metamorfoza vi-
dljivog u ezoterični svijet u kome vladaju sumatraističke veze.
Crnjanski teži uzvišenom, čistom spolnom aktu, aktu svjetlosti i
čistote, kao što je on u upanišadama ili manihejskim učenjima,
aktu koji se uzdiže nad ogoljenom putenošću, aktu koji je freno-
loško ogledalo spasenja duše. Ljubav je kod Crnjanskog ema-
nacija čovjekove duhovne komunikacije sa drugim ljudima i uni-
verzumom. Ljubav su one veze za koje se Nađa pita da li još
postoje u njenom braku:

„Zar je moguće da oni nemaju više druge veze, u braku, sem
tog braka? Ni veze uma, ni srca, a ni veze sa tim morem, nebom,

njihovom prošlošću, tolikim, prošlim, nežnim rečima, zagrljajima, suzama?"[1]

To su porodične veze ljubavi koje Crnjanski dublje osmišljuje povezujući ih sa vodom:

„Čovek, i žena, sa njegovim detetom, imali su, sa morem, neprolaznu vezu."[2]

To su veze za koje Varvara kaže:

„Nju, kaže, vezuju, za Isakoviča, jače veze od potpisa Stritceskoga – veze, srca, ljubosti, sretnih dana."[3]

Nerazdvojna od ljudskog bitisanja, nesumnjivo obavezan dio ljudske prirode, ljubav je našla značajno mjesto u opusu Miloša Crnjanskog u svim svojim ispoljavanjima – ljubav prema životu, prema domovini, svakidašnja ljubav običnih smrtnika, ali i tabuizirana ljubav izabranih pojedinaca i to najčešće skaradna, od Napoleona (*Roman o Londonu*), Pape (*Kod Hiperborejaca*), čak do seksualnih aluzija na Hristosa (*Kod Hiperborejaca*), ili rasprave o ljubavi i seksualnim devijacijama Mikelanđela (*Kod Hiperborejaca*), ili čak literarne ljubavi Tristana i Izolde (*Roman o Londonu*). Dakle, raspon od takozvane normalne ljubavi i normalnih odnosa u njoj do raznih devijantnosti kakva je, na primjer, policija kod tvrdica koju izazivaju zlatnici ili seksualnih devijacija koje su posljedica igre prirode kao što je vjenčanje Džordža Tartlea (George Turtle – Đorđe Kornjača) i njegove žene koja je bila muško pa doživjela „čudnu metamorfozu" *(Roman o Londonu)*. Bratska, rodbinska ljubav između muškarca i žene nije uvijek strogo razgraničena kod Crnjanskog sa seksualnom ljubavlju između dva pola. Ponekad se one razlijevaju i sublimišu, kao različite boje akvarela kada dođu u dodir, u ljubav koju je teško odrediti i sa sigurnošću definisati. Takvu ljubav susrećemo u drugoj knjizi *Seoba* između Pavla Isakoviča i njegovih snaja.

Ljubav iz koje nastaje i život, koja znači regeneraciju, kontinuitet u bitisanju čovjeka kao jedinke stalno je praćena smrću, eliminacijom, koja je s ljubavlju i životom povezana u paralelnoj egzistenciji. Međutim, dok je borba između života i smrti ogorčena, dotle se ljubav i smrt sublimišu u jedinstvo uzrokovano istom funkcijom u svijetu sumatraističkih veza. Oba fenomena su, naime, konduktori čovjekove veze sa tim svijetom. Život je isto dio tog svijeta, ali način ljudskog življenja je u suprotnosti sa ostvarenjem potpune komunikacije među ljudima i sa svim onim što ih okružuje, tj. u suprotnosti je sa svijetom sumatraističkih veza. Tako se u literaturi Miloša Crnjanskog ljubav i smrt ujedinjuju kao što se spajaju eros i smrt u mitskom liku boga Mare.

U *Romanu o Londonu:*

„Ostala bi na njemu, bestidno, umorna od zagrljaja, a on je onda morao da je ostavi da, tako, zaspi na njegovim grudima.

Elle vous aime bien – imala je običaj da mu tada kaže, francuski, sva iznurena. Ona vas mnogo voli. Ta žena. Vaša žena. Cette femme. Votre fame. – Promrmljala bi, zatim, nešto, još i ruski, ali to više nije čuo, jasno.

Ležala je na njemu, već kao mrtva.

I ako je te fraze bila rekla već nekoliko puta, i ako je, to, bio čuo, već nekoliko puta, bilo je nečeg neizmerno tužnog, u tom ponavljanju tih reči, na kraju zagrljaja. Zna da će da zaspi. Te smešne fraze, koje je ponavljala, imale su, uvek ponovo, neki grozni, žalosni, prizvuk istine. Kakav imaju, valjda, samo reči koje se kažu samo na samrti."[4]

U *Kod Hiperborejaca:*

„Njihova je ljubav niz razgovora o smrti, a ne seksualna."[5]

„Stvar postaje tragična. Moguće je, da to dvoje ne vidimo, žive, više nikada. Niko više ne zbija šale na račun zaljubljenog para. Ja sedim kod ognjišta i čitam zapise Mikelanđela i zaprepašćen sam, kad nailazi red, u kome se kaže: Fra l' uno e l' altro obbietto entra la morte!

Što znači: da se između ljubavnika, uvek, nalazi smrt."[6]

U *Seobama:*

„Taj priprosti, oholi, ajlugdžija, navikao na život među husarima, i na konje, u štali, išao je po svetu, posle tog prenoćišta u Duklji, osetljiv, na svaku pojavu jeseni, na svaku žalost, koju vidi, a uvideo je, koliku snagu imaju, u ljudskom životu, ljubavi, i smrti."[7]

U „poetičnoj komediji" *Maska:*

BRANKO

Ne... lepše je groblje... Ljubav... zakona nema. Ne stidite se. Imate pravo. Ničeg nema.

(...)

GLUMICA

Bože, kako prvi poljubac liči na smrt.

(...)

GLUMICA

Vaši poljupci sećaju na smrt."[8]

I ne samo ljubav između muškarca i žene, nego i ljubav ljudi prema svom narodu sa smrću je povezana.

„U svojoj beskrajnoj ljubavi perma svom nacionu, siromašni serbski Soldatenvolk činio je – sto godina – ono što je jedino mogao: ginuo je."[9]

Dvojstvo na kome počiva cijelo Crnjanskovo književno djelo ogleda se i u njegovim razmišljanjima o ljubavi. Dobro i zlo su transponovani u pristupu ljubavi, o kome sam naprijed pisao, ali ovaj dualitet je iščezao kada je riječ o pravoj ljubavi, mada je ostalo dvojstvo: muško – žensko.[10] Na ovakav jedan pristup fenomenu ljubavi kod Crnjanskog očigledan uticaj je imala istočnjačka filozofija i poezija o kojoj Crnjanski, objašnjavajući je, piše:

Vera u dve protivnosti, muškog i ženskog, od kojih je sve postalo, ali koja nije dualistička, postoji od pamtiveka (...)

U Severu, u zaleđenoj vodi, pod zemljom, spojeni su principi sveta, od čijeg je spajanja i varijacija postalo sve ostalo, muško – jang i žensko – jin. Život je igra njihovog stapanja i rastapanja. Sve se kreće u jednom krugu, koji se sastoji iz preplitanja, muškoga i ženskoga. Sve što se u njemu kreće nalevo muško je. Tu stranu je poštovao narod, koji se držao reda nebeskog. Sve što se kreće na desno žensko je. Tu stranu poštovahu otmeni, koji se držahu reda zemaljskog. Početak je usred Severa, pri zimskoj ravnodnevici, pod znakom koji znači dete, jaje, seme klice. Ostalih li znakova ređa profesor pariske Sorbone Marsel Grane, u knjizi *Poliginie Sororale,* po redu vremena, idući nalevo i prema Istoku.[11] U početnoj tački, u Zimi, Severu, još su jedno, nedeljeni, oba kosmogonijska principa: muški i ženski.

(...) Da li je to dvojstvo: jang i jin, različito pa ipak jedno, krajnji smisao, koji se jedva može nazreti, nije jasno.

(...) Kosmogološki simbol tih misli – malo docnije, taoistički krug – i danas je jedan od najdubljih znakova Istoka. Zove se Tai-gi-tu. Dva principa, jang i jin, jedno u drugome, svetlo i tamno. Muško je kosmogonijski stvoritelj, vedar. Ženski znak se širi, kosmogonijski je začet. Samo se intuitivno mogu shvatiti, dinamični su, ne mehanički. Nisu protivnosti. Ništa ih ne može izbeći, ništa ne može ostati nestvoreno. Sve mora iz mira u postojanje. Jang je znak nepomičan, on je tišina. Jin liči na vrata, sklapa se i otvara. Jang kad raste predstavlja Sunce, jin, dvostruko, znači Mesec. To je najstarija prošlost lirike kineske."[12]

Transpozicija ovog dvojstva na Sunce i Mjesec o kojoj teoretski piše Crnjanski, u njegovj literaturi biće veoma rasprostranjena i činiće osnovicu za kosmogološku nadgradnju koja će biti u funkciji njegovog sumatraizma. Ogroman je broj primejra u opusu Miloša Crnjanskog u kojima jedinstvo suprotnosti: Sunce--Mjesec sobom nosi neka dublja značenja iz kojih je evoluirao sumatraizam.[13] Navešću neke:

„Sunce je nad tim visinama sjalo, tako svetlo.

Kao i Garsuli, onaj Krfljanin, krigskomisar, u Temišvaru, i Pavle je, iznenada, spazio veliku svetlost, silinu, moć, divotu Sunca, koje nas sve greje u životu. Samo dok je uškopljeni Garsuli obožavao Sunce, jer mu je grejalo njegove podnadule noge, pune vode, Pavle je osetio Sunce, da mu blista, kao neka sablja, na čelu. Bio je podigao glavu, jašući, pogureno, u daljinu. Išao je dignute glave u susret Suncu."[14]

„Pavle je imao prenoćište, na putu za Duklju, kraj jednog, bednog, rusinskog, naselja, u jednoj brvnari, kroz koju je Mesec prosijavao. U šumarku, uokolo, zraci Meseca stvorili su bili čitavo čudo.

Činilo se da, i okolna brda, i nebo, sijaju.

Kao i svako veče od nekog vremena, noću bi se sećao svoje žene, koju je sahranio. Tek sad, u sjećanju, on je razumeo, koliko ga je to ljudsko biće volelo."[15]

„Pavle, u tom trenutku, začu nečiji smeh, i ugleda, u prozoru, lice jedne mlade žene, i ozbiljno i tužno. Video ga je samo u magnovenju, jer je to lice odmah zatim nestalo.

Sad je svaku crtu lica pamtio i video ga u Mesecu, video u vodi, video, katkad i u stakletu, svog prozora, po kućama, gde je živeo."[16]

> Na javi je duša moja bogat seljak,
> veseljak.
> Samo u snu, ko Mesec bleda
> i tako ko On nevesela,
> po svetu bludi.
>
> *(Moja pesma)*

> Probudimo se noću i smešimo, drago,
> na Mesec sa zapetim lukom
> I milujemo daleka brda
> i ledene gore, blago, rukom.
>
> *(Sumatra)*

„Pomenuta mlada Neapolitanka, međutim, očigledno, izgubila je glavu. To je jedna od onih mladih Neapolitanki, koje se drže dobro, dok se radi o uzdisanju, o pismima, o ljubavnim izjavama na odstojanju. Ali, koje kao onesvesle padaju, ako dođe do dodira, i zagrljaja. Svest im se muti od poljubaca. To su deca Sunca."[17]

„Mesec se pojavio i sja iznad ledenih brda i provalija i ceo je svet obasuo svojim srebrnim zracima. Tada je i u nama nastao mir i život naš postao lep..." Tako govori čovek samo u snu."[18]

„Treća je najzanimljivija i najprivlačnija. Njeno ime ne zna, samo njeno, čudnovato, prezime, pominje, kad je oslovljavaju. Miss Moon. (Da neko ima prezime: Mesec – i toga ima u Engleskoj.")[19]

„Između Nađe, i mesečine, te pojave, stvarale su neku čudnu vezu sa njenom ljubavlju – i okeanom, i Mesecom, i ljudskim životom – ali joj je Rjepnin sve to kvario, svojim podsmehom, da, niko – ni u naše doba – ne zna, da protumači, tu igru mora i zemlje: plimu i oseku. Kažu da na tu pojavu u svetu utiče Mesec? Logično bi bilo da, onda, utiče i na naš mozak pa da onda, i ona, pripada Mesecu?"[20]

„Generalica Barsutov se glasno smejala. Treba, kaže, pomenuti, i mesečinu. Mesec u noći, na vodi. Hipnozu Meseca. Što je mnogo – priznajemo – mnogo je."[21]

„Svi pišu da je Fabio bio lepotan. A otkud znaju, ne kažu. Svi kažu da je Mikelanđelo pisao sonete Fabiju, a da su to oni soneti, u kojoj je igra reči, sa imenom Fabio, Febo – Sunce – smestio."[22]

O problemu morala u ljubavi Crnjanski će pisati imajući u vidu njegove dvije vrste i to: moral-nemoral u odnosu muškarca i žene u klasičnom smislu shvatanja te problematike i moral u pravoj ljubavi.

Pitanje morala, odnosno nemorala u ljubavi ili, bolje reći, seksu opet možemo podijeliti na dvije vrste u literaturi Miloša Crnjanskog. Tu podjelu možemo izvršiti na osnovu pobuda i ciljeva kojima nemoral teži. Jedno je nemoral u pravom smislu te riječi – duhovni i fizički. To su pobude parenja koje je samo sebi svrha ili je nemoć čovjeka da mu odoli, ili se preko njega zatomljuju neki kompleksi, nadomješćuju neki nedostaci. Primjer za ovo je odnos „gospože" Dafine i Aranđela Isakoviča iz *Seoba* ili seksualni život „gospože" Božič i njenog muža, ali, naravno, ne zajednički, međusobni, iz druge knjige *Seoba,* flertovi generalice iz drame *Maska,* odnosno gospođe M. M. (Jovanke) i njenog ljubavnika iz *Suznog krokodila.*

Druga vrsta nemorala jeste nemoral paradoksalan po svojoj prirodi. To je nemoral s toliko ljudske topline u sebi da, u krajnjoj konsekvenci, vodi moralnosti međuljudskih odnosa. To je nemoral koji je produkt nemorala čitavog društva i koji je, u suštini, njegov antipod. To je nemoral kojim se neki ljudi brane od licemjernog morala sredine u kojoj žive. Uzmimo za primjer pripovijetku *Raj* ili prostitutku iz *Apoteoze.* To je prostitucija iz pjesme *Mizera.*

Dvije knjige *Seoba* nose u sebi sintezu borbe između ove dvije nemoralnosti i evoluciju do moralnosti u pravoj ljubavi o kojoj ću još pisati. To je borba između „stomaka" i viših ideala i stremljenja o kojoj Vladimir Ćorović kaže:

„To je život bogatih varoških sredina, u kojima se gazdiluk nasleđuje u tri-četiri generacije, gde se nesmetano stiče i razvija kult stomaka, gde se stiče kao prvo pravilo životne mudrosti ne ostati ničega željan; život sredina, u kojima se fizički rad svodi na oblačenje i jelo i gde nema nikakve više ideje, kojoj se stremi svom dušom."[23]

U ovom odlomku, koji je Ćorović napisao o Stankovićevim junacima, lako prepoznajemo život Aranđela Isakoviča i, kasnije, Trifuna Isakoviča, čiju životnu filozofiju Crnjanski, prenoseći je sa Višnjevskog (lik iz istog romana), eliptično uobličava u gnomi:

„U se, na se i poda se!"[24]

No, dok, kako Ćorović piše, kod Stankovićevih junaka „nema nikakve više ideje, kojoj se stremi svom dušom", kod Crnjanskog to nalazimo u životu Pavla Isakoviča.

Metamorfoza u kavalitetu ljubavi, koju Crnjanski ostvaruje u *Seobama*, nosi u sebi metamorfozu kvalitativnog odnosa čovjeka prema svijetu koji ga okružuje. Životno zlo je i u tjelesnom kontaktu, u tijelu, i Crnjanski to tijelo ubija (Dafina) i raspori da bi iz njega iznikla neka druga životna stvarnost, kao što su, po legendi, peruanski Indijanci ubili i rasporili lijepu ženu koja je „bila zla u svome tijelu" iz koga je onda niklo stablo koke.

Posljedica zla u čovjeku i ostvarivanje tog zla kroz ljubav najčešće je sadržano u preljubi, varanju u braku. Taj nemoral će Crnjanski povezati sa kosmizmom, uklapajući ga u sumatraizam.

„Tog dana je Vuk Isakovič prelazio sa pukom, celo prepodne, preko jednog uskog brvna, kod varoši Kremsminstera u Austriji. Bio se načinio nered među vojnicima.

Jedan zec pretrča mu preko puta.

- Uh, da se most ne sruši – pomisli, ili da mu prtljag možda ne ode u reku? Pa zatim, upivši pogledom vlažno nebo što se bilo naoblačilo, zauzda, brižan, konja i upita kapetana Piščeviča, koji je jahao kraj njega: „Čto znači pri zahodu Solnca ovo znamenie, Piščeviču? Dojdosmo zdravo i u spokoju. Na putu prah razveja vetar, aki neku zavesu. Telo dšeri moje male, prvoroždene, sie v minutu može bit razbolesja?..."

Ne pade mu ni na um da pomisli da ga žena, kod kuće, vara."[25]

U ovom odlomku susrećemo dvije vrste komunikacija ostvarenih znamenjima (vidi: poglavlje *Komunikacije*). Jedna je komunikacija zemaljska, a druga kosmogološka (uslovno zemaljsko odvajam od kosmogološkog). Kosmogološka komunikacija, o kojoj sam prije navoda pisao, pretrčavanje je zeca pri zalasku sunca. Eskimi i Australijanci kruženje Sunca i Mjeseca nebom i nepribliživanje jedno drugom objašnjavaju da brat progoni svoju sestru želeći je. U prethodno navedenom odlomku kao da je Crnjanski dopustio da Sunce dostigne Mjesec, jer Dafina i Aranđel su u sličnom rodbinskom odnosu.

Druga komunikacija, zemaljska, između Vuka Isakoviča i njegove žene ostvarena je preko zeca koji kod Crnjanskog (koji očigledno aludira na njegov način parenja) simbolizuje pomamnu želju za tjelesnim užitkom koja postaje odvratna. U *Seobama* ćemo to znamenje, s istom simbolikom, naći u poglavlju *Beli zec i crni ajgir na putu.* Taj simbol nalazmo i u *Romanu o Londonu.*

Dok je u *Seobama* više praktična evalacija ljubavi, dotle je u *Romanu o Londonu* ta evalacija osmišljena unutrašnjim dijalogom i senzibilnošću Rjepnina. Ta razmišljanja će od pretpostavke da je seks korijen svega („Sex is at the rooth of everything."), razmišljanja o opštem grozničavom koitu, kako u životinjskom svijetu, tako i među ljudima, koja kao da su samo raščlanjivanja i parafraze onog Stankovićevog:

„Svi muški pretvaraju se u jednog muškog, sve ženske takođe opet u jednu opštu žensku. Ni staro, ni mlado, žena, snaja, strina, ujna ili kakav rod. Samo se znalo za muško i za žensko, i onda jedna mešavina: stiskanje, štipanje, jurenje oko kuće i krkljanje."[26],

ta razmišljanja će evoluirati do zaključka:

„(Seks u tom čamcu nije bio koren svega.)

Koren svega bila je neka duboka želja, u ljudima, da pomognu drugima."[27],

u kome ima ljubavi, i te kako, ali one humane, čovjeku svojstvene, koju Crnjanski želi da apostrofira i na koju misli kad pjeva:

Ljubav je put beskrajan
na kom je dozvoljeno sve.

(Putnik)

Tu ima one prave ljubavi koja nastaje iz čovjekove potrebe za nježnošću, za uzvišenim senzualnim kontaktom među ljudima koji je nadgradnja svakidašnjeg života i koji se kao potreba javlja kod ljudi svih kulturnih nivoa, što znači da je univerzalan, u ljudskim okvirima, naravno.

„Verovali su da se mati, kad ugleda mrtve sinove, može, od bola, raspući. Iako je taj svet iza ambara svršavao nuždu – i žene – svi su oni bili željni nekih, dirljivih, ljubavi, dobrote kod ljudi, a kad su voleli, voleli su i u grobu. Kao što su, za lepu burmuticu, u emalju, ili lepa dugmeta, za lep, vijenski, kamuzil, za neki pojas od srebra i sedefa, za bečke, mirisave, sapune, davali, sve, iz džepa, tako su i za ljubljenu ženu, kad bi se zaneli, bili gotovi da život dadu.“[28]

Na prelazu između moralnosti i nemoralnosti u ljubavi postoje likovi kod Crnjanskog u čijim karakterima su sublimisana oba ova antipoda. Ova sublimacija uslovljena je željom tih ljudi za pravom ljubavlju, ali i njihovom nemoći da je, najčešće zbog starosti, ostvare, što ih vodi u ostvarenje manje-više nemoralne ljubavi da bi kako-tako zadovoljili svoju čistu i iskrenu želju koja to nije od druge strane. Eklatanti su primjeri generalice u *Maski* i „babuške“, grofice Panove, u *Romanu o Londonu*, u čijim se očima budi „sjaj ženske požude“ koja je „bestidna, i duboko čulna“ prema dvadesetogodišnjem mladiću koji, iako spreman da se čak oženi njome zbog njenog bogatstva, prema njoj ovako osjeća:

„U očima mu je, mesto smeha, ljubavi, dok je gledao prema babuški, bila jasna, neka ružna, divlja, mržnja.“[29]

Ovakve ljubavi, za koje već pomenuti Vladimir Ćorović u razmatranju o Stankovićevim junacima kaže da „gube ne samo svoje obzire stida, reda, doličnosti, nego čak i roda i doba“[30] (generalica u *Maski* želi svog nećaka Cezara, a „babuška“ u *Romanu o Londonu* dvadesetogodišnjeg mladića), moglo bi se učiniti skaradnije od već navedenih nemoralnih, ali „normalnih“ ljubavnih odnosa. No, one to nisu, one su dostojne ljudskog saosećanja jer su „sve bolne žudi časne“, kako kaže maskirana generalica:

GENERALICA
Ne zovi me tako... ne zovi me.
Ta ja sam mnogo, mnogo više.
Ti mrziš greh – a da znaš moje ime -
duša mi se grči... a one reči,

što bih da ti kažem slatke, strasne,
te su kao ovo prstenje svetle, al' nečasne.
Dobro je meni sred ovog cveća i mraka.
Nosi me... da zaboravim sve... ja sam laka...
... oh, kako su ti oči jasne...
je li, ti me nećeš prezreti?
A kad te u zoru ostavim, a ti se seti,
da su sve bolne žudi časne.
Umorna sam. Hajd'mo gore.
Bila sam jednom kod vas – ne znate?
Vidi se ceo Beč... ako vatra gori
i ako vaša tetka ne dođe, biće lepo."[31]

Ovakve ljubavi nešto su više od bestidne pohote i za Crnjanskog su dostojne ovakvog opravdanja:

„Neka velika žalost bila se, u njemu, pojavila. Saosećanje prema toj staroj, raskošnoj, ženi, u bledo plavoj haljini, koju je video kako polazi u zelenilo parka, i čeka. Ma koliko da je njena žudnja za tim muškarcem bila odvratna, osećao je da je ta njena, luda, neshvatljiva, čežnja, ipak, iskrena ljubav, pored svega, pa čak i materinska."[32]

Pitanje morala u pravoj ljubavi Crnjanski, prosto rečeno, svodi na pitanje njene neprolaznosti, kontinuiteta i poštenog odnosa među ljubavnicima, čak i kada se neke okolnosti promijene. Upravo zbog ovoga Crnjanski stalno ponavlja riječi o odnosu moralnih ljudi perma svojim ženama, koje su voljeli, u momentima kada one gube ljepotu, ali oni, ipak, ostaju uz njih.

„Pa ipak, ti lepi ljudi, u servijskoj konjici, u sirmijumskim husarima, u potiskoj miliciji, bili su, i ostali, verni, svojim debelim ženama, baš zato, što su to bila neka čuda, koja su se sa njima događala, neke grozne mađije u ljudskom životu."[33]

„Dodaje, nekim čudnim glasom: Ne ostavlja se žena kad počne da stari. To nije lepo."[34]

„On je Rjepnin, a Rjepnini su, svi, smatrali, da žena ima da, sa mužem, deli, i dobro i zlo. Svaki bi Rjepnin, za svoju ženu, pristao na to, i kad bi nesreća, ženu, postigla. Nisu bili Tatari."[35]

Najsnažnije je Crnjanski svoj stav o moralnosti u ljubavi izrekao pišući o vezi između Pavla Isakoviča i njegove umrle žene u *Seobama*. Ni fizičko razdvajanje, ni sva nastojanja okoline tu ljubav nisu mogli da umanje. Štaviše, ona se uvećavala.

„Za Pavla te kube (ženina grobnica) bilo je znak, izdaleka, da ima nešto neprolzano u ljubavi."[36]

Tu neprolaznost ljubavi Crnjanski će, da bi je istakao, prikazati kao kontrast frenološkoj prolaznosti, o kojoj sam pisao u poglavlju *Smrt:*

„Nema promena u ljubavi. Ne menja se lice one koja se voli."[37]

Ta neprolaznost vodi vječnoj univerzaliji i Crnjanski utvrđuje:

„Ljubav je vječna, beskrajna, i opšta."[38]

Odatle do sumatraizma samo je korak, i –

„Sve su ljubavi u vezi."[39],

zaključuje Crnjanski. Sada je već lako mogao sintetizovati sve ono što sam gore napisao, od istočnih korijena do svoje univerzalije, u teoretsko razmatranje uloge ljubavi u sumatraizmu:

„Ali sam brzo dodao da sam đak Kineza, koji su prvi videli da je sve ljubav i da ću sad ja tu ljubav, koja je bila samo fizička i etička moć, pretvoriti u metafizičku snagu. I dok su, dosad, ljubavi koordinirane, i ljubavne bile vezane samo stvari naporedne, ja ću vezati ljubavlju i ono što je daleko jedno od drugog, i naći vezu između bića nejednakih: osmeh koji utiče na travu, bezbrižnost koju daju vode, i mir koji nam daju bele zavejane jele."[40]

Da ljubav nije sama sebi svrha, nego da vodi u nešo novo, da je katarza, jer se čovjek, oslobođen, i nje oslobađa, Crnjanski neće zaboraviti da istakne:

„Sad, znam da je sve u vezi, i, da pokret milošte moje ruke napuni vodom gorske potoke. Kao što, kad robovi dolina, uveče zadrhte od dodira nebesa, koja se spuštaju na njih, to prospe po meni samrtno bledilo, koje me oslobađa od veze sa ženom. Ja više nisam ničiji. Ispunjavam ono što jutarnja nebesa, kad su vode tako hladne, hoće da se zbude."[41]

Na kraju, poslije svega rečenog, valja se ponovo vratiti na početak i ponoviti da ljubav u književnom djelu Miloša Crnjanskog predstavlja ljudsku katarzu koja čovjeka izvodi iz efemernosti i dihotomije svijeta racionalne jave, da predstavlja metamorfozu vidljivog u ezoterični svijet sumatraizma.

---

[1] *Roman o Londonu I*, str. 245.
[2] Isto, str. 261.
[3] *Seobe III*, str. 96.
[4] *Roman o Londonu II*, str. 153.
[5] *Kod Hiperborejaca II*, str. 205.
[6] *Kod Hiperborejaca I*, str. 123.
[7] *Seobe III*, str. 193.
[8] *Drame*, str. 58, 83, 84.
[9] *Seobe III*, str. 480.
[10] Na ovom mjestu potrebno je napisati nekoliko riječi o ovom dvojstvu uopšte i o njegovoj refleksiji u Crnjanskovoj literaturi koja, u izvjesnom smislu, otkriva i tradicionalno porijeklo Crnjanskove misli, odnosno našu autohtonu kulturu u odnosu na uticaje sa strane (ovdje mislim posebno na Istok).

Po Konfucijevom učenju, tao je izvor dvaju suprotnih sila koje se nadopunjuju u jedinstvenom bitisanju koje je inicijator svih zbivanja u svijetu: yin-a (pasivan) i yang-a (aktivan).

yin *znači:*	yang *znači:*
žensko	muško
majka	otac
zemlja	nebo
noć	dan
voda	vatra
dolina	brijeg
smrt	život
blagost	snaga i čvrstina
parni brojevi	neparni brojevi
praznina	punoća

Dvojstvo ovih suprotnosti odražava se u jedinstvu „srednjim putem" (chung – yang), ali aktivnim djelovanjem ljudi, po Konfuciju, što njegovo shvaćanje taoa razdvaja od Laoceove (lao – tse) taoističke škole koja zagovara pasivnost, „nedjelovanje" (wu – wei). Onaj ko ne uspijeva da uravnoteži ovo dvojstvo biće kažnjen sušama, neuspješnim ratovima, itd.

U Crnjanskovoj literaturi ova dva aspekta, muški i ženski, nisu uravnoteženi, jer nisu uravnoteženi u svijetu o kome je Crnjanski pisao, muškom je data značajnija uloga, veći senzibilitet, jača misaonost, veće vrline, veća moć, čime je i ravnoteža događaja u svijetu neizbalansirana pa se, kao posljedica toga, događa sve ono što predviđa Konfucije u slučaju neuravnoteženosti muškog i ženskog aspekta. Ovo zapažam bez namjere da

93

tvrdim da se Crnjanski rukovodio ovim pri dramaturgiji svojih djela, ali, ipak, dramski momenat u Crnjanskovoj literaturi počiva upravo na nezaobilaznosti događanja u ljudskom životu, u životu svih ljudi uopšte, pa i, šire gledano, svijeta; za rješenjem ovoga Crnjanski cijelo vrijeme i traga: za ravnotežom ljudske ličnosti, što vodi ravnoteži cijelog spoznajnog svijeta. Sumatraizam upravo ima tu funkciju povezivanja i balansiranja sveta u svijetu, funkciju traženja „srednjeg puta". (O ovome vidi u poglavlju *Suština sumatraizma*.)

Svakako ne treba shvatiti da Crnjanski muškom aspektu daje univerzalni prioritet, on daje prioritet čovjeku-muškarcu u neuravnoteženim društvenim zbivanjima smatrajući ga sposobnijim od čovjeka-žene da razriješi društvene probleme, uostalom, muško je aktivna, a žensko pasivna snaga. Upravo to govori o patrijarhalnom naslijeđu naše civilizacije, kojoj pripada i Crnjanski, a što sam već primijetio poredeći Crnjaskog i Lazu Lazarevića.

Zbog toga je Crnjaskov kompletan opus neuporeduvo više okrenut muškarcu (sva njegova djela imaju za glavne junake muškarce, izuzimajući dva najlošija romana, *Suzni krokodil i Kap španske krvi*, za razliku od Andrića, recimo, koji im daje podjednako značajne uloge), muškarcu kome je neuporedivo teže nego ženi, ali koji ne negoduje bučno, nego tiho nosi svoj krst, kao „pravi muškarac", produkt čega je melanholija, (počevši od refrena „Tužno je biti muško" u pjesmi *Gardista i tri pitanja*, preko Petra Rajića:

„(...) ja ne volim plač, nego tugu." *(Dnevnik o Čarnojeviću, Proza*, str. 80),

do Pavla Isakoviča i dalje.

Uz to, muškarac je mnogo elastičniji, razumniji, moralniji i širi od žene da shvati čak i nemoral (vidi: *Priča o muškom*, posebno priče *Apoteoza, Legenda i Raj*, te romane *Seobe, Roman o Londonu, Dnevnik o Čarnojeviću*, i članak iz obimnog proznog teksta *Kod Hiperborejaca* pod naslovom *Mikelanđelo pesnik*).

Da Crnjanski u univerzalnom pogledu uravnotežuje važnost muškog i ženskog aspekta pokazuje podjednaka važnost nekih fenomena njegove literature, o kojima sam u ovom radu pisao, a koji pripadaju različitim polovima univerzalnog jedinstva (vidi iz prednje tabele: voda, smrt, brijeg, itd).

[11] Car Fu-Hai utrošio je mnogo vremena posmatrajući svjetlosne pojave na nebu, let ptica, znake koje one reprodukuju na zemlji, neravnine tla, pokrete životinja, itd. Otkrio je da te figure liče jedna na drugu, a i to da ti znaci imaju preneseno značenje, tj. da ti vanjski znaci odgovaraju fenomenima unutrašnjeg života čovjeka. Tako je došao do toga da se Tao, koji se još nije bio otkrio čovjeku, jasno pokazuje u znacima i ispisuje te znake rukopisom poznatim kao Ja Kralj. Ipak, Car te znake nije utvrdio odmah, nego poslije dugog razmišljanja. Prvo je ustanovio punu liniju, znak za muški princip; zatim je ustanovio isprekidanu liniju, znak za žen-

ski princip. Kako god bilo, on je utvrdio da se svaki od tih principa nalazi u jedninstvu sa kontra – principom. Utvrdio je znake ___ (muško), (žensko), ___ (jedinstvo). Zatim je dodao treću liniju ovim dvjema, snažeći i ptvrđujući ih, ili slabeći i negirajući ih. Tako je nastalo još osam trigrama pomoću kojih sve stvari i kombinacije mogu biti izražene:

> nebo, noć, uzbrdica, nepobjediva snaga, jug, otac;
>
> stajaća voda, more, močvara, zadovoljstvo, uživanje, najmlađa kćer, jugo-istok;
>
> vatra, ljepota, jasne misli, elegancija, druga kćer, istok;
>
> svijetlost, podsticajna moć, pokretačka snaga, najstariji sin, sjevero-istok;
>
> vjetar, drvo, elastičnost, pokornost, predanost, prodornost, najstarija kćer, jugo-zapad;
>
> tekuća voda, oblak, izvor, rijeka, opasnost, teškoća, drugi sin, zapad;
>
> planina, spokojstvo, tamnica, najmlađi sin, sjevero-zapad;
>
> zemlja, revnost, majka, sjever.

[12] *Poezija*, str. 293 – 295. Uočljivo je da i zanesenost Crnjanskog sjeverom, što je dostigla vrhunac u prozi *Kod Hiperborejaca*, ima svoje korjene upravo u ovim razmišljanjima o istočnjačkoj poeziji. Pogotovo kada piše o Suncu.

„Nigde nije tako veličanstveno (Sunce) kao u polarnim predelima." (*Kod Hiperborejaca I*, str. 373)

I imena dvojstva: jang i jin neodoljivo asociraju na imena dvojstva u Rjepninu, junaku *Romana o Londonu:* John i Jim (vidi: u ovom radu, u poglavlju *Dvojnik*).

[13] Kosmogološki dualizam dobra i zla, svjetlosti i tame, muškog i ženskog principa sadržan u mazdaizmu i taoizmu, te transponovan na poziciju Istoka imao je nesumnjivog uticaja na fundamentalno uobličavanje filozofske suštine literature Miloša Crnjanskog. Princip panteističkog jedinstva i cjeline univerzuma, koga nalazimo u duhovnom životu Kine, odnosno u Konfucijevoj i Laoceovoj nauci o „putu" Tao (zanemarimo ovdje neke razlike među njima o kojima sam već pisao ili u upanišadama o brahmanu, duhovno je tlo u kome se nalazi korijen sumatraizma. U svome nastanku taoizam je predstavljao kauzalnu zakonitost kretanja nebeskih tijela oko Zemlje, čija je nepromjenljivost i ritmička uslovljenost shvatana kao uzrok i simbol svih zemaljskih zbivanja. Upravo tu se sumatraizam odvaja od taoizma, jer tao je apsolut, a sumatraizam predstavlja veze koje apsolut čine

onim što jeste – jedinstvenom cjelinom. Sumatraizam predstavlja, dakle, univerzalne veze u apsolutu te se ne suprotstavlja taoizmu u suštini, oni teže ostvarenju istog principa.

Kada Crnjanski napiše rečenicu punu mistične ezoteričnosti i kosmičkog sklada:

„Njihovo je vreme noć, kad se svici jave i mesečina razlije po ogledalu mora." (*Putopisi,* str. 400),

to zvuči kao kad se u taoističkom učenju kaže da je mudrac tih kao voda u kojoj se ogleda nebo.

U taoizmu se inače tok događaja uspoređuje sa planinskim vodama koje se smiruju u moru. U poglavlju *Voda* naznačio sam koliko Crnjanski kroz isti stav objašnjava događaje u svojim djelima, a evo još jednog primjera u kome Crnjanski opisuje jedan gotovo metafizički užas šibanja kažnjenika, odlomka u kome susrećemo metaforu vode, ali i drveta:

„Golog do pasa, ponesoše čoveka zatim do tih dveju, živih, pravih, obala uzane reke, kojom je njegovo telo trebalo da otplovi do daleke, druge strane poljane, a nad kojom se nadnelo pruće, kao grane vrba..." (*Seobe I,* str. 148)

I taoističko jedinstvo dvojstva, kako ga je shvaćao Konfucije, pasivni yin – ženski simbol Zemlje i aktivni yang muški simbol Neba, susrećemo kod Crnjanskog.

Jedinstvo dvojstva na kome počiva svijet, koje nalazimo u Laoceovoj *Knjizi puta i vrline* (Tao-te king) u II, XX, XXVI, XXVIII i još nekim poglavljima, Crnjanski će obrazložiti kroz veze koje spajaju i ujedinjuju to dvojstvo. Te veze, ta komunikacija, koju zagovara i Crnjanski (vidi: poglavlje *Komunikacije*), afirmiše i Laoce kada, na primjer, u XVIII poglavlju već pomenute knjige piše:

„Rađa se vjernost, iskrenost među ljudima."

ili u XXIX poglavlju:

„Svijet je duhovna veza (...)",

itd.

Još niz dodirnih tačaka sumatraizma i taoizma mogu se utvrditi u Laoceovoj Knjizi puta i vrline. Vrhunska spoznaja apsoluta kod Laocea jeste „nauk bez riječi" jer „Govoriti je rijetko prirodi podobno", što prihvata i Crnjanski kada piše:

„Čemu pokušavati protumačiti ono, što se protumačiti ne da." (*Seobe II,* str. 306)

ili:

„Čemu tumačiti ono, u ljudskom životu, što je neprotumačeno?" (*Seobe II,* str. 343)

Ovaj problem Crnjanski će izraziti i poetskim jezikom oslikavajući kako tajanstveni, ezoterični svijet sumatraizma svjesnom intervencijom čovjeka postaje tamni svijet racionalne jave, brišući granicu izmedu ova dva svijeta koja je obilježena sakralnom florom – jorgovanom:

O, gle ruže što se sagle bele
od nevinosti,
ispod one plave jorgovanske magle.

Drhte od radosti,
a kad ih dodirnem tako brzo
potamne, kao da se prozor smrzo
i raskido cvetove nevesele
ledene tajne.

(Bele ruže)

No, ovo kod Crnjanskog, kao ni kod Laocea, ne znači: ne treba komunicirati, nego: treba iznaći neposrednije, iskrenije, istinskije, komunikacije sa apsolutom.

[14] *Seobe III*, str. 173.
[15] *Seobe III*, str. 179.
[16] Isto, str. 179.
[17] *Kod Hiperborejaca I*, str. 120
[18] Isto, str. 372.
[19] *Roman o Londonu I*, str. 167.
[20] *Roman o Londonu I*, str. 303.
[21] Isto, str. 324.
[22] *Kod Hiperborejaca II*, str. 179.
[23] Borisav Stranković, *Nečista krv*, Sabrana dela, „Prosveta", Beograd, 1970, str. 277.
[24] *Seobe III*, str. 353.
[25] *Seobe I*, str. 175.
[26] B. Stanković, *Nečista krv*, str. 211.
[27] *Roman o Londonu I*, str. 360.
[28] *Seobe III*, str. 366.
[29] *Roman o Londonu II*, str. 225.
[30] B. Stanković, *Nečista krv*, str. 278.
[31] *Drame*, str. 86.
[32] *Roman o Londonu II*, str. 226.
[33] *Seobe III*, str. 423.
[34] *Roman o Londonu I*, str. 78.
[35] *Roman o Londonu II*, str. 51.
[36] *Seobe III*, str. 469.
[37] *Roman o Londonu I*, str. 69.
[38] *Putopisi*, str. 21.
[39] Isto, str. 47.
[40] *Putopisi*, str. 54.
[41] Isto, str. 55.

KOMUNIKACIJE

Uočljivo je da se u literaturi Miloša Crnjanskog sukobljavaju individualno i kolektivno, ali i to da je individualno, ma koliko to izgledalo paradoksalno, u funkciji kolektivnog.

VESTINGHAUS

Čekajte, Mak. Gospodo, čekajte. Tesla je čudan čovek. Ne treba mu se čuditi. Tesli je stalo samo do toga da svi pronalasci posluže celom čovečanstvu. Do novca mu nije stalo."[1]

Glavni problem u cjelokupnoj literaturi Miloša Crnjanskog jeste loša ili gotovo nikakva komunikacija individuuma sa kolektivom što uslovljava nerazumijevanje, a cilj i poruka te literature jeste uspostavljanje tih komunikacija, opštih komunikacija, što vodi kolektivnom dobru. Iako se čini da junaci Crnjanskog sami ne žele da uspostave te veze, npr. Rjepnin sa svojom okolinom u *Romanu o Londonu,* u stvari, nije tako. Naime, oni ne žele da uspostave one veze koje to nisu, tj. lažne veze koje vode još većem nerazumijevanju. Oni žele da uspostave prave, sumatraistićke veze međusobnog razumijevanja ljudi, veze solidarnosti i tolerancije između svega što bitiše, ne samo između ljudi, veze ljubavi, ljepote, dobrote, saosjećanja u zajedničkoj kosmičkoj sudbini.

Crnjanskova pjesma *Mizera* jeste poetski uobličen odgovor na lažnu komunikaciju, na izvrnut sistem vrijednosti u društvu, jer bolje je biti i nesretan, nego lažno komunicirati sa svijetom oko sebe:

> Kao oko mrtvaca jednog
> sjaje oko našeg vrta bednog,
> fenjeri.
> Da l noć na Tebe svile prospe?
> Jesi li se digla među gospe?
> Gde si sad Ti?

Voliš li još noću ulice,
kad bludnice i fenjeri stoje
pokisli?
A rage mokre parove vuku,
u kolima, kao u mrtvačkom sanduku,
što škripi.

Da nisi sad negde nasmejana,
bogata i rasejana,
gde smeh vri?
O nemoj da si topla, cvetna,
O ne budi, ne budi sretna,
bar Ti mi, Ti.

O ne voli, ne voli ništa,
ni knjige, ni pozorišta,
ko učeni.
Kažeš li nekad, iznenada,
u dobrom društvu, još i sada,
na čijoj strani si?

O da l se sećaš kako smo išli,
sve ulice noću obišli,
po kiši?
Sećaš li se, noćne su nam tice
i lopovi, i bludnice,
bili nevini.

Stid nas beše domova cvetni',
zarekli smo se ostat' nesretni,
bar ja i Ti.
U srcu čujem grižu miša,
a pada hladna, sitna kiša.
Gde si sad Ti?

(Mizera)

Crnjanski, kod skoro svih svojih likova, pa i onih epizodnih, prikazuje dvojstvo njihovog življenja, dva života. Jedan je onaj individualni, introvertirani, kod svih ljudi veoma sličan u suštini jer se sastoji od iskrene borbe sa opšteljudskim problemima bitisanja, i drugi, život u kolektivu, život obično maskiran, falsifikovan i usmjeren na neki efemeran uspijeh. Kad neki Crnjanskovi junaci unificiraju to dvojstvo i pokušaju da žive iskreno, usredsredivši se na glavne ljudske probleme (kao i glavni Krležin junak iz romana na *Rubu pameti*), tj. kad svoj unutrašnji život nastoje živjeti u sklopu zajednice, onda nastaje sukob između njih i onih koji još nemaju dovoljno snage da učine to isto. To je sukob dva svijeta, dva načina života: racionalne jave, opterećene svim dihotomijama svijeta iskustva, i svijeta sumatraističke univerzalnosti ili vrhunske komunikacije. Ko je u pravu u tom sukobu, najbolje pokazuju simpatije čak i onih najžešćih protivnika prema ovim apostolskim pojedincima, ali i čitaočeve simpatije jer i on postaje aktivan sudionik tog sukoba pošto to nisu literarni problemi, nego i životni.

Rješenje ovog vrlo kompleksnog sukoba leži u uspostavljanju što bolje, a u krajnjoj konsekvenci i vrhunske, komunikacije među ljudima i ljudi sa univerzumom. Ovaj, možda čak i u naučnom svijetu, vrhunski sociološki problem, Crnjanski oslikava u svoj njegovoj složenosti, ali i ukazuje, preko elemenata komunikacije koju ljudi individualno već upražnjavaju, na jednostavnost rešenja tog problema povezivanjem, otvaranjem i iskrenim komuniciranjem među ljudima. To nije fenomen izvan ljudskog življenja, nego je to upravo toliko prisutno u njemu da ga možda ljudi baš zbog toga i zaobilaze. To je onaj život o kome Dostojevski piše:

„ – A šta je taj živi život, po vašem mišljenju? (On se očevidno ljutio.)

– Ni to ne znam, kneže, znam samo da to mora da je nešto prosto, najobičnije i što pada u oči, svakodnevno, i toliko prosto da nikako ne možemo verovati da je toliko prosto i, prirodno, prolazimo pored njega evo već mnogo hiljada godina ne primećujući ga i ne poznajući."[2]

Da se ovaj „živi život" ostvari, postoji potencijal u ljudskoj prirodi: unutrašnji život koga treba sublimisati sa stvarnošću vanjskog života i kao takvog ga živjeti, a ne ostajati podvojen, dvoličan i živjeti kao homo duplex. Medijumi preko kojih se ostvaruje ova sublimacija, za Crnjanskog, jesu: putovanja, san, igra, ljubav, sjećanje, voda, o čemu sam već pisao, i neki koji nisu toliko eksplicirani u literaturi Crnjanskog pa im nisam posvetio posebna poglavlja, ali su prisutni i podjednako značajni za sumatraizam kao i prethodno nabrojani. To su: govor, mimika, zvižduci, muzika, boja, vračanje, proroštvo, kabala, magija, knjige, filmovi, pisma, telegrami, telefon, morzeovi znaci, radio, televizija, časopisi itd, itd. Naravno, kod svih pomenutih medijuma komunikacije radi se ili o materijalizovanim simbolima koji saopštavaju određene psihološke poruke, sadržaje, simbolima koji su opštepoznati i opšteprihvaćeni u ljudskoj zajednici, ili o ezoteričnim medijumima koji, iako nisu materijalne prirode, ipak egzistiraju kao konduktori komunikacije. Ovi prvi su, u najvećem broju slučajeva, jednovremeni, tj. medijumi su komunikacije za jedni vrijeme, dok su ovi drugi, obično, spojnica prošlosti, sadašnjosti i budućnosti. To ne znači, a o tome sam već pisao u poglavljima o pojedinim medijumima komunikacije, da se ove dvije grupe ne isprepliću i ne dobijaju i druga vremenska obilježja, no, zbog praktične potrebe, ova uslovna podjela je potrebna, pa u ovu prvu grupu, u principu možemo svrstati: putovanja, igru, ljubav (ljubavni akt), muziku, vodu, boju, govor (telefon), pisanu riječ, slike ili filmove, radio, televiziju itd. U drugoj grupi su: san, duhovna ljubav, sjećanje, vračanje, proroštvo, kabala, magija itd.

Već sam u posebnim poglavljima pisao o pojedinim medijumima komunikacije, odnosno o njihovom udjelu u sumatraizmu, ali treba nešto reći i o ovim drugim koji su, kako sam već naglasio, isto tako značajni kao segmenti sumatraističke univerzalnosti. Njihovo prisustvo, mada možda neupadljivo u prvom čitanju, isto je tako rasprostranjeno u Crnjanskovom djelu, ako ne i rasprostranjenije zbog svoje ezoterične misaone kompleksnosti, u njegovoj potki, u dubinskoj strukturi iz koje onda izranjaju materijalizovani aspekti komunikacije. Uzmimo samo za primjer boju koja kod Crnjanskog „uspostavlja između dokonog duha (racionalne jave – prim. autora) i kontempliranog sveta LJUDSKU REALNOST.[3] Pomoću tih boja „Klasični problem realnosti spoljašnjeg sveta" dobija treću dimenziju, tj. onu dimenziju,[4] koja omogućava vrhunsku komunikaciju. Crnjanski je, kako to Bašelar piše u razmatranju o bojama, shvatio da „ništa nema bolje od protivrečnosti za individualizaciju nekog bića! Romanopisci to znaju."[5] , te je, stvorivši dvojstvo i dualizam u svojoj literaturi, počeo, uz ostalo, i sa „proizvođenjem" boja (Bašelar) da

101

bi otvorio put za izmirenje tog dvojstva, razrešenje problema i izjednačavanje kontemplativnog i spoljašnjeg svijeta. Crnjanski bojom (i ostalim medijumima komunikacije) između realizma i idealizma ne uspostavlja racionalizam, kao što se obično dešava filozofijama spoznaje, nego SUMATRAIZAM KOJI JE GENE-RALNA, UNIVERZALNA I VRHUNSKA MULTIVALENTNA KOMUNIKACIJA U SVIM PRAVCIMA, a koja je sastavljena od niza, već spomenutih, jednosmjernih, bilaterarnih ili multilateralnih podkomunikacija.

Kad Crnjanski „proizvodi" boju, „On dobro zna da su, tokom vremena, čitavo plavo nebo i svo zlato sunca učestvovali u stvaranju crvene boje trešnje."[6] (čiji je cvijet često sakralna flora u literaturi Crnjanskog, naročito u poeziji). Hoću da kažem da on boji daje onu kompleksnost njenog sadržaja koju ona u sebi sjedinjuje kao nosilac neke više komunikacije. Sa ogromne palete Crnjanskog, koju bi ovdje bilo nemoguće navesti, uzmimo samo za primjer početnu stranicu putopisa *Iris Berlina* koji je pravi smisaoni, dubokometafizični koloritni kaleidoskop autorovih simbolično-misaonih refleksija:

„Nemačke pojave i stvari ne samo da nisu bezbojne, već su, naprotiv, puno, gusto šarenilo, često oporo, i, baš zato nezaboravno.

Magla i bezbojnost, sivo nebo koje smo navikli da zamišljamo nad Pruskom, spadaju u netačne i zastarele podatke i inače mnogobrojne, preostale iz prošlosti, o nemačkim zemljama i nemačkom životu.

Dublje, sočnije zelenilo, od boja šuma, oko severnih nemačkih jezera, neverovatno plavih, teško je ne samo naći, već i zamisliti. Čitav jedan raznovrsni niz boja je to, do sasvim čudnih zelenih, a nad njim svetle pruska nebesa, leti – veliki, vanredni opali što su, zimi, još čistiji.

Promene tamo nisu bezbojne, stvari nisu sive.

Prelaz preko granice nije bez onog krutog, često opisanog, carinika i stražara, ali su i oni kao slike odlični. U Bavarskoj plave, u Saksonskoj zelene, u Porajnju rumene, u Pruskoj žute boje, sve su češće, pred putnikom.

Rukavom od bele i plave boje upravlja bavarski stražar saobraćajem, u gunguli, sa jednog amvona, isto tako prefarbanog.

Voz, koji se na nemačkoj granici pretvori u jedan strogo određeni red vagona i odjeljenja, za pušače i nepušače, dame i putnike sa psima, nije bez crvenih kola za spavanje. Jedna od najvećih i najnovijih stanica železnica nemačkih, LAJPCIG, ogromna je konstrukcija gvožđa, čelika, betona, asfalta i kamena, ali su u njoj značajnije boje. Njeni semafori, skretnice, natpisi, na najvažnijim tačkama, u svim geometrijskim oblicima, imaju svoj zaseban, uzročni red događaja, koji se produžuje i kroz noć, sa svetiljkama crvenim, zelenim, plavim i fosfornim, duž pruga, nadaleko. Stanica je bezmerna kao zgrada, ali su konstelacije njenih bojadisanih krugova, zvezda, strela, paralela, elipsa, osobito u noći, bitnije i još više „nemačke". Kao i zvezdano nebo, van zgrade, i u njih se satima može ostati zagledan, zamišljen.

Prvi takvi dodiri sa nemačkim stvarima, i na rekama, među dokovima, dizalicama, čekrcima i brodovima, isto su tako puni boja. Pristaništa, i na Rajni, i visoko u severnim krajevima pruskim, nisu ni crna, ni siva. Možda, jer more nije daleko."[7]

Nastojanje Crnjanskog da bojama da prave sadržinske vrijednosti urada često na prvi pogled nelogičnim valencijama boja i nekih drugih atributa, ali suštinski duboko uzrokovanom funkcijom određene boje kao medijuma određenih komunikacija, teško objašnjivih i uobičajenim i pojednostavljenim semantičkim znacima. Tako su kod Crnjanskog boje opore, teške, peskovite, tupe, mračne, bezvalerne, heraldičke itd, čak susrećemo „boju dubokog ultramarina" i „bojadisane longitudinalne i transverzalne boje" (*Putopisi,* str. 404. i 224). Svakako da ovdje treba spomenuti i sve one svjetlosne efekte („sjaj sedefastog bleska", *Eseji,* str. 263), zrake i bljeske koji ostvaruju istu funkciju kao i boje.

Komunikacije koje ljudi ostvaruju razgovorom, knjigama, muzikom, filmovima, pismima, telefonima, radio-aparatima, itd. (npr. u *Romanu o Londonu* ili *Kod Hiperborejaca*) jesu materijalizovane sumatraističke veze, parcijalne komunikacije i razmjena misli među ljudima. Sadržaji koji se prenose ovim medijumima kod Crnjanskog, metafore su i alegorije na život u njegovj literaturi, život kojim žive njegovi junaci. Svaki od tih sadržaja ima svoje mjesto i funkciju u događajima koji se u pojedinim djelima odigravaju. Pišući o igri i bajci, spomenuo sam i ulogu knjiga i časopisa u djelu Crnjanskog. Mislim da to isto važi i za ostale, gore navedene, medijume komunikacije.

Literatura Miloša Crnjanskog je mnogo više upućena čitaocu naivne svijesti, odnosno čitaocu kod koga još analitička svijest nije odnijela prevlast nad naivnim dijelom svijesti. Tekstove Crnjanskog čitalac automatski transponuje u slike i vizuelno doživljava sve njihove sadržaje. Tako neposrednije kontaktira sa tim sadržajima, bez onih analitičkih prepreka koje je nemoguće izbjeći kada se čita roman toka svijesti, na primjer. Analitička svijest stupa u akciju tek pošto je izvršena vizuelna transpozicija teksta. Upravo ovakav način pripovijedanja i pjevanja omogućuje Crnjanskom da slobodno zalazi u prostore mitskog, fantastičnog (*Vrt blagoslovenih žena, Legenda*), u međuprostore sna i jave, u prostore gde se gubi granica između mogućeg i nemogućeg. Upravo u takvim prostorima Crnjanski ostvaruje mnogo kompleksnije komunikacije, nego što su komunikacije koje priza analitička svijest. Tako se kao medijumi kumunikacije afirmišu magija, predskazanje, predosjećanje, kabala, vračanje, priviđenje, proviđenje, predodređenost, kletva, uspomene itd.

U *Tajni Albrehta Direra:*

„Okolina, rodni kraj, krv materina, zavladali su nad osvetljenjima snova, tamnila snohvatice i mutila priviđenja. Sudbina da živi u Nirnbergu desetinama godina, gde se beše rodio, uticala je,"[8]

U drami *Tesla:*

TESLA

I meni, Džordž. Onom ko napusti svoj rodni kraj, verujte, uvek je u svetu hladno oko srca. Svuda ima dobrih ljudi. Pa ipak, Džordž, mit o Anteju, ima dubokog smisla. Iduće godine, čim svršim ovaj toranj, na Longajlendu, rešio sam se da odem do svog zavičaja. Sećam se svog poslednjeg susreta, tamo, s mojima. Neće me više dočekati mati. Kad sam je poslednji put video, naslutila je – dala mi je jednu torbu, kakva se u mom kraju nosi, na putevima. Ukrasila je to svojom rukom. Sanjam je sad, često, Džordž. Pomiluje me, ovako izraslog, po kosi, ali mi se čini, da mi nije oprostila, što sam otišao. Kaže mi, u snu: daleko si otišao. Dođi kući.[9]

TESLA

Mi smo bili u detinjstvu uobičajili, kad bih ja bio u školi, u jednoj obližnjoj varošici, da jedno drugom, u ugovoreno vreme, kroz vazduh, šaljemo poruke, poljupce, reči, a verovali, ili ne, Mesec je to sasvim verno prenosio. Nikada nikog posle nje nisam voleo.[10] (Up. sa ljubavlju Pavla Isakoviča prema svojoj pokojnoj ženi.)

TESLA

Vi ste Rozamund, sasvim neočekivano, fantastično, naslutili, to što sam vam ispričao, ne znam zbog čega. Jednog dana ste mi rekli, da žena može da zavoli čak i dete druge žene iako je ta žena zauzela njeno mesto.[11]

U drugoj knjizi *Seoba:*

„Varvara je opisivla tog mladog oficira, kao nekog dečka, kome je brk tek ogaravio usta. To je, kaže, najmlađi, i najlepši, oficir, u San-Demetru. Ceo svet gleda, kako je zaljubljen, zagledan, zaćoren, u gospožu Kumriju. Nema mu, kažu, ni dvadeset, a ašikuje sa ženom koja ima šestoro. Prati je, kažu, kao senka. Sve su to neke mađije u ljudskom životu.“[12]

„A tamo, gde se, u Rosiji, u zemlju sahranjivao, beležio je svoje prisustvo imenom, koje je svojim selima davao („siromašni serbski Soldatenvolk“). Jer brda, reke, naselja, u svom imenu čuvaju bolje uspomenu na prošlost, nego pojedinci u životu“[13]

U *Legendi,* iz ciklusa *Priče o muškom:*

„Poče tvrditi da je malo muških koje je ljubila; pričaše kako je bezazlena, kako je svi varaju, verovala je još samo u broj tri. To beše njen broj, on je nju čuvao: eto su tri meseca, tri nedelje i tri dana otkad ga je prvi put videla.

On je treći kojemu se ona sama nudi, ima tri odela na sebi, u odaji eto tri postelje, tri pehara, troje pasa. Nju voli taj broj, on je čuva, spasao joj je život već više puta.“[14]

U *Romanu o Londonu:*

„Odsad, prešavši pedeset i treću Rjepnin je slutio da te godine menjaju i njega, i njegov život, i njegovo mesto u Londonu, i budućnost koja ga čeka. Kao neku kabalu, on je, sve češće imao to uverenje, da je život, da je takozvana sreća ljudska pa i veza čoveka i žene – igra brojeva. Brojeva godina.“[15]

Još niz sličnih primjera možemo naći u opusu Miloša Crnjanskog.

Ovdje je potrebno posebno istaći dramu *Tesla* u kojoj je, kao jedan od glavnih problema, tretirano upravo ostvarenje što boljih međuljudskih komunikacija, te veza čovjeka sa univerzumom. Sav Teslin rad Crnjanski podređuje tom cilju, isticanju tog cilja.

ROZAMUND

Ne mrze vas ta deca. Naprotiv. Sve što njihov otac prekodan, pokvari, ja, prekonoć, popravim. Kad pođu da spavaju ja im pričam o čoveku, koji je došao preko Okeana, izdaleka. Koji u Americi, sad, prebacuje elektricitet, i ljudsku reč, kao neke zvezde, preko pustinja i planina, na hiljadu milja, iz Kolorada. Pričam im da taj čovek može da zatrese zemlju, da može da primeti pege, ne samo na njihovom licu, nego ih vidi i na Suncu, za koje kaže da je vulkan, opkoljen bezbrojnim, bezbrojnim vulkanima, o kojima će učiti u školi.[16]

TESLA

(...) Struje me sad zanimaju, i u Suncu, i u moru, i u vetru. One svet vezuju. U njima je budućnost.
(...)

ČARLS

(...) Ako me sećanje ne vara, on, Tesla, kaže, u svojoj poemi, pod naslovom: U TESLINOJ RADIONICI – da se tamo traži neko univerzalno dobro i neka bolja budućnost?
(...)

VESTINGHAUS

(...) Vi znate da je, na Longajlendu, počeo da gradi toranj (Tesla), za difuziju, koja bi, svojom mrežom, obuhvatila ceo zemaljski glob.
(...)

TESLA

(...) Pokazaću vam kakav će glob biti kroz jedno sto godina. Sijaće kao mesec. Kao Sunce.[17] Moći ćete odavde da razgovarate sa svojim sinom, telefonom, i da ga čak i vidite, na Filipinima."[18]

U jednom momentu Tesla, kao, uostalom, i svi junaci Crnjanskog, postaje sumatraista[19] težeći da svoj rad na komunikacijama dovede do savršenstva, vrhunske komunikacije koja u sebi sadrži sve spomenute podkomunikacije, do sumatraizma:

TESLA

Recite mu, Čarls, da sam pacifist. Ratovi me ne zanimaju. Veze među kontinentima me zanimaju. Ta moja mreža prijemnika i otpremnika, koju bih želeo, da prostrem po celom globu. Postoje veze na celom svetu. Struje u moru, struje u vazduhu, mogućnost prenosa bez žica: struje, svetlosti, glasa – preko okeana, planina, granica, naroda, zemalja. Nisam ja u tome članku govorio samo o eksplozivu. Ja sam rekao i to, da će svetlost ozariti ceo svet, tek onda, kad se svi narodi stope u jedan narod i sve zemlje u jednu zemlju. Živim kao u snu. Mnogo sam se promenio od kada ste me upoznali u Sen Lujisu (Tesla kaže tako.). Otkad sam bolje upoznao Njujork postao sam, Čarls, pacifist. Kažite to, admiralu."[20]

Crnjanski neće propustiti da spomene i nemušti jezik životinja i duboku povezanost čovjeka sa njima. Takav vid komunikacije obrađuju Sirano de Beržerak u *Drugom svijetu*, Žerar de Nerval u *Aureliji*, Karlos Kastaneda u svojoj filozofsko-antropološkoj romaniziranoj studiji o don Huanu i dosta drugih pisaca. Ovaj fenomen, ili problem, svejedno, ovdje samo napominjem jer je i kod Crnjanskog samo uzgredan, no, ipak značajan za dopunjavanje teme o kojoj ovdje pišem.

„Svejedno, kažem. Palo mi je samo u oči, u tim polarnim krajevima, da ptice tamo i nisu najveselije, najvidnije, u vedrim danima. Nego u burama. Ima ih, kažu, na Špicbergenu, na stenama, čitavih naselja, hiljadama, milionima. Dirljivo je kako nose u nisku tundru, svoja jaja. A sasvim ozbiljno se tvrdi, da imaju svoj, ptičiji, govor. Pa će doći dan kad će i čovek protumačiti te znake i znati da se sporazume sa njima."[21]

Već sam na nekoliko mjesta pisao o kosmogološkoj povezanosti događaja na zemlji i kretanja nebeskih tijela – o kineskoj taoističkoj kosmogologiji, o Suncu i Mjesecu kao simbolima muškog i ženskog principa. Ovaj dualizam nalazimo i u svim spekulacijama Aveste, svete knjige mazdaizma, gdje se vodi stalna borba između boga svjetla Ahura Mazde (koga spominje i Herodot u svojoj *Istoriji* nazivajući ga Zevs – Ormuzda)[22] i duha tmine Arhimana (Ahura Manyna). Ova dva božanstva spomenu-će i Crnjanski, odnosno veterinar Di Ronkali, lik iz *Seoba*, u momentu smrti konja Jupitera koja kao da je neki trag kulta žrtvovanja konja koji potiče od indoevropskih pranaroda i, još dalje, od Perzijanaca. Otuda jedna kosmogološka veza perzijskog mazdaizma i smrti konja koji nosi ime planete.

„Životinja je nabasala na otrovnu travu, svakako, to je stvar prirodna, slučajna, ali zašto je priroda izabrala da ubije, danas, baš tog prekrasnog pastuva, a svi su konji bili na toj istoj travi? Zašto i među ljudima, kaže, u životu to tako, često, biva? Umire neko naročito lepo devojče, neka lepotica, dobra, čista, a ostaju tolike drolje, oko nje. Smrt je pokosila toliko lepih mladića, a prošla kraj toliko nakaza. To zlo je u životu velika tajna. Borba Ormuzda i Arimana!

Isakovič nije znao ni jednoga, ni drugoga, ali nije hteo da pita. Veterinar se beše uozbiljio, kao da se promenio, iz jednog čoveka, u drugog čoveka. Strašan je, kaže, taj ludi običaj grofa Para, da konjima daje imena zvezda i sazvežđa."[23]

Dualizam o kome govorim možemo susresti i u poeziji Georga Trakla ili Srečka Kosovela i još mnogih drugih pjesnika i prozaista. On ukazuje na složena i dramatična nastojanja ljudskog duha da iz mračnih raspoloženja izađe ne svjetlost gotovo tantraističke integracije s vrhovnim principom stvari. Dok Crnjanski o tome piše, njegovi opisi nose gotovo redovno dvojni smisao, bukvalni i ezoterični, koji se toliko sublimišu da ih je teško precizno razdvojiti. Ali, ako pažljivije uđemo u tanani odnos ovih slika, uočićemo granicu sličnu onoj koja se nalazi na rezbarenim gredama nepalskih hramova, koja razdvaja profane likove ispod i božanstva iznad nje, a simbolizovana je lotosovim cvijetom, granicu obilježenu bagremom, jablanima, čempresima, borovima, trešnjinim cvijetom, jorgovanom, krinom, itd, kao što kod Kosovela na razmeđu smrti i života „sumorno drvo cveta". To je sakralna flora kod Crnjanskog.

„Iza njene glave, kroz otvorene pendžere, video je reku, koja je sad tekla mirno, i ostrvo, čiji su se jablanovi ogledali, u vodi, nepomično."[24]

„Mesto rata u kom je učestvovao, on je pamtio to svoje hodanje tamo-amo, kao neko besmisleno tumaranje kroz vrele, letnje noći i kišovite dane, ne zapažajući stanje utvrđenja, položaja varoši, raspored vojske protivnikove, već samo padine bregova, obale reka, bagremove, promenljivost nebesa, proletnjih, letnjih i jesenjih dana. U potpunom osećanju sna, prošao je kroz te razne tuđinske države, i ceo svet taj do Rajne, vrativši se, u poznu jesen, na Dunav, sa istim osećanjem neprekidne prolaznosti i uzaludnosti."[25]

U ovom karakterističnom navodu Crnjanski je sažeo svu onu kompleksnost o kojoj sam pisao. Na razmeđu racionalne jave i „objektivnog", „višeg" svijeta sumatraizma stoje bagrem i brijeg (o fenomenu brijega vidi nešto niže), a kao posrednici između ova dva svijeta tu su voda, putovanje, kosmičke promjene (godišnja doba), san, prolaznost i nemoć čovjeka da upravlja svojim životom (uzaludnost). U navodu prije ovoga, na razmeđu svjetova stoje jablanovi, a posrednici su voda, ostrvo, dvojstvo (ogledanje u vodi), dok se u odlomku koji slijedi uz, ponovo, jablanove kao graničnike, susrećemo sa putovanjima „po tuđoj volji", sa vodom, sa smrću, sa bojom.

„Ni tamo, ni onamo više ne vodi njegov put, nego na sasvim drugu stranu, po tuđoj volji. Sa onom strašnom ranom što mu se protezala od grkljana do desnog ramena, zar nije uzalud, mesecima, ležao nepomičan, nad utokom Dunava, lebdeći između života i smrti, u oku sa žutom svetlošću razlivene vode, peska i vrhova jablanova?"[26]

Tim drvetom – granicom, ali i vezom u isti mah, Crnjanski će nas na više mjesta asocirati na pjesmu *Sumatra,* odnosno, na sumatraizam:

„Pored Isakoviča opet su proletali stari hrastovi i mlade bukve, kestenovi kraj puta, a daleko, u daljini, ostajali su snežni vrhovi brda."[27]

I Pavle Isakovič biće simbolizovan takvim drvetom jer je on postao veza Isakoviča s višom spoznajom, odnosno, on je na granici između njih:

„On je doveo svoje bratence (Isakovič reče: ftororodnoju braću) u Rosiju, ali je sam na svetu. Kao usamljeno drvo."[28]

Ova simbolična granica u poeziji Miloša Crnjanskog javlja se u velikom broju pjesama. Navešću najizrazitije primjere:

Da li znaš još naše noći budne
kad su u jorgovana rumene senke,
kad je tavan kao žudne
nebu uperene oči?

(Zamorenoj omladini)

Navodim cijelu pjesmu *Serenata* jer se u njoj nalazi mnogo elemenata sumatraizma, raspoređenih s jedne ili s druge strane granice na kojoj rastu rumeno granje, jablanovi i borovi: Mjesec, smrt, nemoć govora (riječi), neposredna komunikacija („Slušaj vetar... Pevaće Ti"), prolaznost, izražena homerovskom simboličnom slikom („vetar sa lišća svelog žutog"), premoć duhovne ljubavi nad plotskom, ali i časne tjelesne ljubavi nad ogoljenim koitom.

Čuj, plače Mesec mlad i žut.
Slušaj me, draga, poslednji put.

Umreću, pa kad se zaželiš mene,
ne viči ime moje u smiraj dana.
Slušaj vetar sa lišća svelog žutog.

Pevaće Ti: da sam ja ljubio jesen,
a ne tvoje strasti, ni članke tvoje gole,
no stisak granja rumenog uvenutog.

A kad te za mnom srce zaboli:
zagrli i ljubi granu što vene.
Ah, niko nema časti ni strasti
ni plamena dosta da mene voli:

No samo jablanovi viti
i borovi pusti ponositi.
No samo jablanovi viti
i borovi pusti ponositi.

(Serenata)

Na istom razmeđu ezoteričnog i plotskog u ljubavi na kome stoje jablanovi i borovi u *Serenati*, u pjesmi *Priča* „zamirisao" je svojom simbolikom „bagrem beo":

Sećam se samo da je bila
nevina i tanka

i da joj je kosa bila
'topla, kao crna svila
u nedrima golim.

I da je u nama pre uranka
zamirisao bagrem beo.

(Priča),

ili u pjesmi *Leto u Dubrovniku godine 1927.* gdje između ova dva svijeta stoji brijeg (vidi niže) na kome raste usamljeno drvo kao granica koja se gubi kad nadvlada tjelesno (tu je i Sunce kao simbol muškosti). No, u tom slučaju, ova granica ne gubi se u korist ezoteričnog svijeta sumatraističkih veza, nego u korist svijeta racionalne jave.

Srem to više nije. Što sad zasja,
preda mnom, izbledelom, od slasti, pre telesnih.
Ne vidim više ni znak, žutog, na bregu, drveta.
Jesenjim zracima Sunca, sa Bačke, u prah nebesnih,
lebde sad brat moj i ševe, sa klasja.

(Leto u Dubrovniku godine 1927)

Lipa, sakralno drvo Starih Slovena, na razmeđu je svijeta straha, neslobode, svijeta racionalne jave i svijeta slobode, kosmičkih veza, svijeta sumatraizma:

Ah, nije taj strah samo naš uzdah,
kad vidim šumu, kako lako cveta.
Nego je to plah, isprekidan dah,
kojim bi nekud dalje, sa ovog sveta.
U Slobodu, kud, nad nama, grane jezde.
U prah mirisan, kud lipe raspu zvezde!

(Ja, ti, i svi savremeni parovi)

Potrebno je, na ovom mjestu, još reći da je drvo -- granica -- veza vrlo značajno u strukturi sumatraističke povezanosti. Ono kao da je produžetak mita o „drvetu života", mita koji potiče sa starog Orijenta. Vjerovanje u takvo drvo koje utiče na život svega na zemlji karakteristika je mitologije Egipta, Irana, Babilona i Indije, a nalazimo ga i kod nordijskih naroda, u njihovoj Eddi, kao jasen Yggdrasil, kao i kod mnogih sibirskih plemena.

111

A i predodžba o brijegu kao središtu zemlje takođe je prastara: od Sumeraca, preko Persijanaca i Indijanaca, do današnjih centralnoazijskih naroda. Crnjanski će ove dvije predodžbe povezati pa će stvoriti sliku koja je sumatraizmu podređena:

„Uokolo su sad bili, sve gušći, šumarci, u daljini sve više brda, a na vrhovima tih brda, po neko usamljeno drvo."[29]

U pjesmi *Povorka*, takođe, Crnjanski će zgusnutim i poeziji svojstvenim izrazom postaviti brdo i sakralnu floru (procvale trešnje) na razmeđe svjetova: racionalne jave („Misli... jasne") i svijeta sumatraizma konkretizovanog u putovanjima („da pođu, pođu, sa mnom"), vodi („sa reke na reku") i igri („igrajući, poskakujući").

Misli mi jasne iščeznuše,
   u neprekidnom smešenju tamnom.
A polako se skupiše, sa svih strana,
   povorke procvalih trešanja,
   da pođu, pođu, sa mnom.

Pred njima, nasmešen,
   sa brda na brdo,
   sa reke na reku,
     eto ja,
   zbunjen i bezbrižan,
    igrajući,
    poskakujući.

(Povorka)

Brda i planinski vrhunci, obavijeni mističnim bojama neba i maglom, čiji su vrhovi prekriveni snijegom, pejzažni su simbol sumatraizma, asocijacija na prvu strofu *Sumatre:*

Sad smo bezbrižni, laki i nežni.
Pomislimo: kako su tihi, snežni
vrhovi Urala.

(Sumatra),

koji u pikturalnoj magičnosti pejzaža upućuje na nedokučive, čiste sumatraistićke veze u prirodi, koje se i priviđenjem, kao medijumom komunikacije, mogu dokučiti.

„Tada se na mračnim zidovima te kuće, u kojoj spavaju, ot-varaju, kao neki daleki otvori i vidici. Čoveku se čini, u polu-mraku, da, kao na nekoj velikoj, geografskoj, karti, na zidu, vidi Afriku, i njen oblik ljudskog srca, koje je ogromno. I toplo. Kad je to priviđenje nestalo, njemu se čini da vidi, kao kroz neku ma-glu i paru, jezera i džungle, a zatim neku visoku planinu, koja je valjda Kilimandžaro, koji je učio u detinjstvu? Ili su to, takozva-na, Mesečeva brda, u Keniji? Zarasla gigantskim biljkama i šu-mama, iznad plavih jezera. Pita se, je li to, zaista, Kilimandžaro, u nekom ružičastom mraku, nad kojim je video nebesno plavet-nilo, i sneg, na vrhu?

Otkud to sad u njegovom životu?

Kao da neki ogromni oblaci ulaze, iz Afrike, u njegovu sobu, u tu vlažnu kuću, pa prolaze i kroz njihovu postelju.“[30]

Takva priviđenja, koja nose u sebi sumatraističku simboliku pejzaža, apostrofiraju i ljudsku prolaznost.

Zaista, zrak sam samo? I to je sjaj u meni,
što se sad, nestajući, rasipa, u prazninu,
osvetlivši mi put, i bezdan, u isti mah?
Sve su to bile, dakle, prolazne samo seni,
na koje sam, kroz blagost, i žalost, i tišinu,
stresao, ustreptao, svoj zvezdan, zračni, čisti, prah?

Odlazim, dakle, sa tela toplih, i mladih, srna,
ledu, na vrhu nekom, u bolnom svom hitanju?
A plač mi samo vraća se, porfiru jednog zrna,
što visi, o drhćućem, žarkom, koncu, u svitanju?

Tu, tu bih, u ovom životu, da me oblije slap
svih divota čulnih, kao pad mirisnog mleka.
A, čini mi se, jedna jedina, takva, blista kap,
nad peskom pustinja, i tla, nad zemljom, daleka.

Zaista, zrak sam samo? I to je sjaj u meni,
što se sad, nestajući, rasipa, u prazninu,
osvetlivši mi put, i bezdan, u isti mah?
Sve su to bile, dakle, prolazane samo seni,
na koje sam, kroz blagost, i žalost, i tišinu,
stresao, ustreptao, svoj zvezdan, zračni, čisti, prah?

(Priviđenja)

Iz svega dosada rečenog vidimo da je i Crnjanski izgradio jednu svoju kosmogologiju uspostavivši veze između događaja na zemlji i događaja na nebu.

„Svet se u mislima, ceo, da sagledati, još samo u nekom starom planetariumu, na čijim kartama, našeg globa, Sunce se, i sad još, vrti oko našeg sveta, i Zemlja je, i sad, okružena nekim insektima i čudovištima, koja imaju imena na latinskom jeziku. Mars. Luna. Venera. Scorpion."[31]

Njegova simbolična kosmogološka ikonografija bazira se na trojstvu – Sunce, Mjesec i Venera (zornjača), plus nebeske boje koje su metafizička semantika ezoterične komunikacije između čovjeka i nebeskih znamenja. Ova Crnjanskova kosmogologija podsjeća na astrolatriju semitskih pustinjskih nomada kod kojih su Mjesec, Sunce i Venera božanstva nebeska. Crnjanski je znao događajima na nebu opredeljivati događaje na zemlji kao što su vavilonski sveštenici uranolatrije u zvjezdanom noćnom nebu čitali sudbinu zemlje i ljudi.

„U tom trenutku vidim Sunce kako se rađa sa visoravni Pamira kako se sliva sa Taura, kako plovi morem ispred Krita i gori ovu zemlju do modre pruge afričkih planina. Čovek se igra i životom, previja se nad tim crnim simvolom smrti i pokriva ga crvenom 'kapotom' kao krvavom haljinom. Bik nasrće, ali ga on vara, zavodi, sitnim koracima, igrom svojih snažnih članaka, u čarapi zategnutoj, kao srebrnih tetiva. Nikada mračna sila neće pobediti."[32]

Uz ovaj odlomak iz putopisa *Na kolenima pred crnim bikom*, koji je Crnjanski napisao u Španiji, evo i navoda iz druge knjige *Seoba* u kome se nalazi vječno ljudsko pitanje o kosmičkoj uslovljenosti:

„Istorija je zabeležila, da se, posle sedamnaest godina, od njihovog naselenija, pojavila u Rosiji čudna fatamorgana na nebu, koja se zove Aura Borealis. Ali istorija ne beleži šta su oni mislili, dok su gledali, tu fantastičnu, nebesnu pojavu. Kakvog je smisla imalo to u njihovom životu?"[33]

Mjesec i Sunce posjeduju svoju simboliku kod Crnjanskog, ali je ipak neka mistična moć Venere (zornjače) kvintesencija kosmologije u literaturi Miloša Crnjanskog. Dok se čitaju tekstovi Crnjanskog, posebno poezija, Mjesec se nameće kao centralna figura njegove kosmogologije, ali, poslije dublje analize, Venera izbija u prvi plan. Svi ideali kojima pjesnik teži u vezi su sa Venerom, jer kao što se ljudski duh orjentiše u svom razvoju prema idealima, tako se čovjek orjentiše na zemlji, na svom dijelu kosmosa, prema Veneri. Ona mu pokazuje odakle dolazi Zora (ne Sunce), sestra Sunca i Mjeseca (rimska mitologija), kosmička Zora koja uslovljava duhovnu zoru kod ljudi.

„Odmah, sa tim u vezi, vidim i Stražilovo, mekše i blaže, i čulnost Branka. Daleko od epskog, žubor žalosti i žud za stapanjem, lirske stihove. Zvezdu zornjaču."[34]

---

[1] *Drame,* str. 416
[2] Fjodor Mihajlovič Dostojevski, *Mladić* „Rad", Beograd, 1972, str. 253.
[3] Gaston Bašelar, *Racionalni matrerijalizam,* „Nolit", Beograd, 1966, str. 210.
[4] Isto, str. 210.
[5] G. Bašelar, *Racionalni materijalizam,* str. 209.
[6] Isto, str. 208.
[7] *Putopisi,* str. 221.
[8] *Eseji,* str. 262.
[9] *Drame,* str. 407-408.
[10] Isto, str. 428.
[11] *Drame,* str. 429.
[12] *Seobe III,* str. 104.
[13] *Isto,* str. 480.
[14] *Proza,* str. 165.
[15] *Roman o Londonu II,* str. 17.
[16] *Drame,* str. 356. Treća rečenica ove replike neodoljivo podsjeća na stihove Laze Kostića iz pjesme *Među javom i med snom* (vidi: str. 116). U ovoj drami možemo prepoznati i Zmaja:

ELEN

(...) Dolazili ste čak da mi čitate i pesme, onog vašeg zemljaka, koga hvalite, a kome je žena rano umrla i ostavila mu samo uspomenu i malu decu. Uzalud je pokušao da zadrži kazaljku na satu. To nije moguće u ljudskom životu. Ja sam se pitala, otkud nalazite vremena, da mi prevodite te stihove, s tog vašeg nemogućeg jezika. Pitala sam se, zar ste zato došli u Ameriku? Zar ste zato prešli okean? (*Drame,* str. 338)

Ovim Crnjanski naznačuje Teslu kao afirmatora naše kulture u Americi, tj. kulturne komunikacije među ljudima.

[17] I ova replika afirmiše jedinstvo muško-ženskog dvojstva. Kako sam već pisao, Mjesec simbolizuje ženski, Sunce muški aspekt.

[18] *Drame*, str. 383, 386, 417, 419.

[19] Da je sumatraizam kao univerzalija najšira Crnjanskova preokupacija, ne samo literarna, pokazuju i epizode iz njegovog života u kojima on u sumatraiste ubraja ili „preobraća" ljude iz života, a ne samo junake svoje literature.

Iz pisma Crnjanskog Ivi Andriću u Bukurešt, 12. II 1922:

„Sad mislim da i vama u Bukureštu nije baš dobro.

Sem ako Vi niste neki sumatraistički uzrok svim venčanjima na svetu? (R. Popović, *Život Miloša Crnjanskog*, str.82)

U eseju o Aleksi Šantiću, *Slika Alekse Šantića*, Crnjanski piše:

„Rado je govorio o svetu, o putovanjima, imao je dubok osećaj da je lepota života u vasioni i daljinama. Uspeo sam vrlo brzo da ga načinim sumatraistom. (...)

Sedeo je, nad Neretvom, uz kafu, s jednom bolesnom izmučenošću, koja je volela još samo cveće i mesečinu." (*Eseji*, str. 51-52)

U prvom dijelu odlomka o A. Šantiću Crnjanski ističe putovanja i kosmogologiju kao elemente sumatraizma, a karakterna crta Šantićeva iz drugog dijela odlomka svojstvena je svim literarnim junacima Crnjanskog.

[20] *Drame*, str. 388. Crnjanski na ovom mjestu svoju teoretsku, literarnu, ideju sumatraizma oživotvoruje u praksi. Tesla je jedan od onih njegovih literarnih junaka, ali i junaka u stvarnom životu, koji ukida dvojstvo u sebi, (prestaje biti homo dupleks, poistovećuje svoje snove i javu („Živim kao u snu"), ruši barijere među svjetovima racionalne jave i „objektivnog" svijeta, i realizuje ono što je za dotadašnju racionalnu javu ljudi bilo nemoguće, san, mašta, a sve u cilju stvaranja boljih komunikacija među ljudima, većeg razumijevanja i ljubavi među njima, a i ljudi sa svijetom koji ih okružuje. Teslin život jeste ovaploćenje onih individualnih dokučenja koja vode kolektivnom dobru.

[21] *Kod Hiperborejaca I*, str. 84.

[22] Navodim ovaj Herodotov odlomak jer mislim da može dopuniti ovu materiju:

„O persijskom životu i običajima znam ovo. Kipove, hramove i žrtvenike oni uopšte ne prave niti podižu, nego smatraju budalama one koji to čine, po mom mišljenju, zbog toga što bogove nisu zamišljali kao Heleni, u obliku čoveka. Imaju običaj da se penju na vrhove planina i da prinose žrtve Zevsu – Ormuzdu. Oni ceo nebeski svod nazivaju Ormuzdovim imenom. Isto tako prinose žrtve: suncu, mesecu, zemlji, vatri, vodi i vetrovima." (*Herodotova istorija*, str. 71) (Up. sa elementima sumatraizma.)

[23] *Seobe II*, str. 198.

[24] *Seobe III*, str. 337.

[25] *Seobe I*, str. 254.

116

[26] *Seobe I*, str. 211.
[27] *Seobe II*, str. 447.
[28] *Seobe III*, str.448.
[29] *Seobe III*, str. 141.
[30] *Roman o Londonu I*, str. 52-53.
[31] *Roman o Londonu I*, str. 9.
[32] *Putopisi*, str. 345.
[33] *Seobe III*, str. 482.
[34] *Eseji*, str. 15.

SUŠTINA SUMATRAIZMA

Da bi se dokučila suština sumatraizma Miloša Crnjanskog u svoj njegovoj kompleksnosti i zapretenosti kroz sva Crnjanskova književna ostvarenja, bilo je potrebno razlučiti neke motive koji mozaički čine Crnjanskovu literaturu i proučiti ih uslovno osamostaljene (jer se, kako smo vidjeli, gusto prepliću). Upravo ti motivi u svojoj stvarnoj, ne samo literarnoj, suštinskoj strukturi posjeduju, da ga tako nazovem prirodni sumatraizam, prirodnu povezanost, kojom su uslovljeni u postojanju, kako sam pokazao. Složene u mozaik Crnjanskovog opusa, suštine ovih motiva tvore suštinski strukturalni sumatraizam literarne misli Miloša Crnjanskog.

Takav jedan širok pojam kakav je sumatraizam, toliko širok da postaje univerzalija, ne može nikako biti samo usputna refleksija jednog pisca mislioca kakav je bio Crnjanski, kako neki misle. Paradoks bi bilo tvrditi da je univerzalija dio nečeg, a sumatraizam je jedina univerzalija u književnom opusu Miloša Crnjanskog. Upravo je obratno. Sve što je napisao Crnjanski dio je neke univerzalnosti, u njegovom slučaju – sumatraizma.[1] Nadam se da sam za to dao dovoljno primjera i argumenata, čak i onih najuočljivijih, najbanalnijih za kojima nije potrebno ozbiljnije tragati u dubinskoj strukturi njegovog djela, one koje je i sam Crnjanski vidno, kao putokaze, isticao po cijelom svom opusu.

Ali i onu esenciju sumatrazima iskazanu riječima, možda je bolje reći, sumatraizam ogoljen do definicije koju je Crnjanski eksplicirao u *Sumatri*, nalazimo razbacanu u obliku parafraza po svoj literaturi Miloša Crnjanskog. To znači da se iole pažljivijem čitaocu autorova opsjednutost sumatraizmom neće učiniti kao zanos jednog trenutka, nego permanentna preokupacija. Osim toga, jedna pjesma kao što je *Sumatra* suviše je uzak okvir za tako kompleksnu univerzaliju da bi pjesnik jednom zatrovan njome zadovoljio svoju konsekraciju i tu problematiku. I zato mislim: Crnjanski je tragao za univerzalnom sumatraističkom povezanošću u svom kompletnom opusu, a u *Sumatri* su samo u zgusnutom obliku date odrednice sumatraizma. Ovo nikako ne znači da je Miloš Crnjanski sav svoj stvaralački rad posvetio svjesnom razmatranju jedne doktrine. Ne, njegove inspiracije su bile različite, ali je sve što je napisao sumatraizmom pretvarao u organsku cjelinu heterogenog bitisanja u jedinstvenom apsolutu.

Da sumatraizam Crnjanskog nije počeo tek od *Sumatre* u njegovm opusu i da se njome nije završio, nego da je *Sumatra* samo osvješćavanje podsvjesne ideje, prelomna tačka razvojne linije jedne literarne i filozofske ideje koja tu liniju dijeli na dio prije te tačke, još uvijek neuobličenu ideju, i na dio poslije nje, svjesno poimanje sumatraizma kao univerzalije kojom će se povezati sve protivrječnosti na kojima počiva autorova literatura, pokazaću na nekoliko primjera.

Pet godina prije *Sumatre*, Crnjanski je spjevao *Serenatu* (1915), protkanu sumatraističkim vezama, da bi u pjesmi *Mramor u vrtu* rekao:

> Sve mi se čini zbog tebe je jesen (...)

Dva stiha iz pjesme *Nove senke*,

> Ja sam na svetu svemu uspavanka,
> a mir je moj daleko.

već otvaraju put mnogo eksplicitnijem izrazu sumatraizma u pjesmi *Vetri:*

> Daleko je ono, daleko,
>   što moje zdravlje pije.
> (...) ,
> Smrt moja zavisi od pevanja tica,
> (...)
> Daleko negde stoje vite jele, snežna lica,
>   radi njih mi je majko drago što si poštena.
> (...)
> Vetri će mesto mene kličući da jezde.
> U vrtlogu kamenja i neba pašće, krikom,

u zavejane, mlade jele, i posuće im krila,
dahom našim, što će se slediti u zvezde,
negde... gde nisam bio... i gde nisi bila.
Pod nebom, u ledu rumenom, gde zora spi,
disaće jele što disasmo mi
i stišaće zvezde osmehom i snagom,
　　što ih je vetrova talas,
　　　odneo sa nas, odneo sa nas.

Ili u pjesmi *Bespuće:*

Ne, neće ljubav, ni mladost, više
pomilovati nam grudi;
Ime će, dah će, suza će naša
drugom da zamiriše.

Daleko, negde, oko sveta,
gde sneg i led i nebo cveta
sve će se sliti,
i od svega biti:
Mir,
mir,
mir...

A zar već i stih koji stoji u *Prologu,*

　　Sudbina mi je stara

ne nosi sobom sumatraističke veze prošlosti i sadašnjosti o koji-
ma Crnjanski u prozi piše.

Pune sumatraizma su i pjesme *Bolesni pesnik, Na ulici* ili
pjesma *Stenje,* „predosećana" neposredno prije nastanka *Sumatre*
poslije koje više ne govorimo o „predosećanom" sumatraizmu,
već o sumatraizmu kao literarnoj doktirini obrazloženoj u *Obja-
šnjenju Sumatre.* Naravno, jednom u svijest doveden, sumatra-
izam kao apsolut, jer je takav po svojim karakteristikama, apsor-
bovao je u svoju beskrajnu širinu sve što je Crnjanski napisao
tvoreći od njegove literature cjelovitu misao. Zbog toga iza te
prelomne tačke (nastanak *Sumatre,* 1920), poslije koje je nastala
ogromna većina Crnjanskovih djela, nalazimo i zapreteni, ali i
vrlo expliciran sumatraizam koji se više nije dao sakriti i da je
to pjesnik želio. Ovo važi kako za poeziju tako i za prozu. Evo

nekoliko primjera kasnijeg, jasno izkazanog, sumatraizma u raznim vrstama književnih tekstova Miloša Crnjanskog: u autobiografskoj literaturi:

„Zar ja nikako ne mogu da zamislim, da, izmedu onoga, što se negde dogodilo, na primer u Štokholmu, drugima, i onog, što se sad dešava medu našim poznanicima, u Rimu, možda ima veze?[2]

„Kao da je nešto vezuje za tu ženu, koja je živela pre toliko stoleća, gospodica de la Kloeta ponavlja, uporno, da je ta Viktorija Kolona morala biti pokvarena i da je bila nesreća u životu Mikelandela.“[3]

U esejistici:

„Tad, kao zavesa, spadaju nebesa, i Lovćen se pojavi. Lirski taj odnos prema Bogu, velika je novost, posle Kosova. Njegoš sja usamljen, u suncu, nad morem. Izlazi iz tame, prva svest. Veliki kao i Eshil, menja nas, izvodi pred Ono što je nepoznato i neviđeno, svemoguće i svud prisutno, neshvatljivo i neprolazno.
(...)
U svetlom zraku caruje nešto ljubičasto i nadzemaljsko. U nesvesti su slatke i sve mogućnosti. To je momenat, po drugi put, kao Lazarev, nepovratan. Čas svesti, sjajan kao pun mesec nad Jadranom. Negde postoji nadzemaljsko i neprolazno; Njegoš vidi.

Nikakve veze to nema sa hrišćanstvom, i prepredeno je hteti od Njegoša praviti sveca.
(...)
Uveren sam, ne znam zašto, da nevidljivi uticaj pesničkog života ima dublju moć, dublju od njegovih napisanih dela.“ [4]

„U nagonu da se pesničke sudbine povežu, da se stvori neprekidna književnost, daće Aleksi Šantiću dostojno mesto pevača (...)[5]

„Mogle bi se u njegovim (Direrovim) delima naći konstrukcije nirnberških crkava, koje je morao videti, trideset godina, u promenama žege, jesenjih rumeni i zimskih sutona.“[6]

„Od svojih savremenika, Nemaca, razlikovao se najviše po tome što je tražio jednu krajnju, savršenu formu.“[7]

121

U romanima:

„Međutim, nije bilo samo siromaštvo, što je Trifuna nateralo da se sa ženom i decom naseli u blato, pri ulazu u Mahalu. Naterala ga je na to i neka duhovna veza, koja je te Isakoviče – kraj sve razlike u staležu – vezivala sa Mahalčanima i tom sirotinjom, koja je sa njima u Potisje bila prešla.“[8]

„Isakovič je bio sam u kolima, a konjušari su stajali ispod arkada, a kupci su trčkarali, među tezgama, kao mravi. Katkad su se i sudarali. Pavle pomisli, kako je to ludo, da je i on došao to da vidi, iako to više nikad neće videti. Učinila mu se sasvim besmislena ta neposredna veza, između te, prolazne, slike ljudske delatnosti, u Rabu, i njegovog života, njegovih patnji, njegovih želja i nada. Šta je imao da dolazi, i to da vidi?
Ta veza je bila sasvim nehotična.“[9]

„U bašti, međutim, ispod njegovog prozora, bila je tišina. Noć koja na nas spušta, iz neke neshvatljive daljine, sa neke nepojmljive visine, neku čudnu zavesu vazduha, kao od mekog, plavog velura. Pa nas ispunjava nekim šapatom i zvucima, za koje čovek ne zna, ni šta kažu, ni zašto nas pokrivaju belim cvetom bagrenja, ni otkud dolaze.
Da li sa zvezda?
Ili, iz našeg prošlog života i naših uspomena.
Ili su vesti iz budućnosti, koja nam se sprema, bez našeg znanja, protiv naše volje i sasvim drugačija, nego što se očekivala.
Ta igra dana i noći u našem životu stalna je, do smrti, i uvek se ponavlja.“[10]

(U navedenom odlomku iz *Seoba* nalazimo sintezu elemenata sumatraizma.)
U putopisima:

„Beda se po svetu uniformiše.“[11]

Zasebno mjesto zauzima poema *Stražilovo* nastala godinu dana poslije *Sumatre,* godine 1921, koja zavrjeđuje posebnu analizu. Zašto?
Već sama dužina poeme nagovještava da je u njoj zgusnut širok spektar pjesnikovih interesovanja sjedinjenih jedinsvenom

idejom koja u sebi sadrži više elemenata koji je, opet, jer je kompleksna, čine univerzalijom. Ta ideja-univerzalija je sumatraizam koji se eksplicira već naslovom, tematikom – Stražilovo, tj. brijeg (o funkciji brijega u sumatraizmu već sam pisao) koji je u tom momentu bio centar svijeta za Crnjanskog, jer je na njemu sahranjen Branko, brijeg na razmeđu svjetova: trivijalnog svijeta racionalne jave, opterećenog dihotomijama loše komunikacije, i svijeta poetske uzvišenosti u kome vladaju pozitivne i čiste komunikacije, svijeta sumatraizma.

Poema predstavlja sintezu svih elemenata sumatrazima: rata, vode, putovanja, igre, ljubavi, dvojstva, sakralne flore, komogonije, smrti, prolaznosti, boje, slutnje i još niza medijuma komunikacije, u ideju apsolutnih veza, pozitivne i opšte komunikacije kakav je sumatraizam.

Poema počinje lutanjima (putovanjima) u ratu bez svoje volje i već u prvoj strofi pjesnik naglašava tematski prelaz iz svijeta racionalne jave u svijet sumatraizma, na čijim razmeđima stoje „rascvetane trešnje" (sakralna flora), determinišući ga: slutnjom, usamljenošću i smrću (o značaju ovih fenomena sam već pisao):

> Lutam, još, vitak, sa srebrnim lukom,
> rascvetane trešnje, iz zaseda, mamim,
> ali, iza gora, zavičaj već slutim,
> gde ću smeh, pod jablanovima samim,
> da sahranim.

Zatim dolaze vode, Dunav i Arnu, i „Fruško brdo", te kosmogonijski značaj Mjeseca „što u reci, rascvetan kao krin, blista".

Život pjesnika u daljem toku poeme počivaće na lutanju, „nad rekama ovim" i u društvu sa sakralnom florom, tj. na razmeđu svjetova. Već dosta rano u poemi, u petoj strofi, Crnjanski će razotkriti i eksplicitni sumatraizam, ukazujući na ideju koja će heterogenu problemsko-fenomenološku strukturu poeme preobratiti u jedinstvenu cjelinu:

> Poveo sam davno tu pognutu senku,
> a da sam to hteo, u onoj gori,
> poznao grožđe, noć, i terevenku,
> i potok, što sad, mesto nas, žubori.

I opet, kroz opšte veze i apsolutne komunikacije:

> I, mesto da vodim, pogledom zelenim,
> kao pre, reku što se sliva,
> da skačem, kao Mesec, po gorama pustim,
> i zažarene šume da potpirim,
> sad, plavim i gustim,
> snegom, i ledom, smešeći se, mirim
> sve što se zbiva.

Malo zatim pesnik ponovo definiše sumatraizam kroz ljudsku nemoć vladanja svojim životom i kroz svoj stav, homerovskom slikom, o prolaznosti:

> Ne, nisam, pre rođenja, znao nijednu tugu,
> tuđom je rukom, sve to, po meni razasuto.
> Znam, polako idem u jednu patnju, dugu,
> i, znam, pognuću glavu, kad lišće bude žuto.

Crnjanski u ovoj poemi afirmiše povezanost živih i mrtvih, života i smrti, u jedinstvenu kategoriju – sumatraizam. Ono što na racionalnoj javi čini dva svijeta (jer u njoj se čini sve da podvojenost bude što veća, da veze budu što slabije), svijet mrtvih i svijet živih, u sumatraizmu je jakim vezama povezano i čini cjelinu – jedinstvo bitisanja apsoluta:

> A, mesto svog života, davno živim,
> bure i senke groznih vinograda.
> Nastavljam sudbu, već i kod nas prošlu,
> bolesnu neku mladost, bez prestanka;
> tek rođenjem došlu,
> sa rasutim lišćem, što, sa groba Branka,
> na moj život pada.
> (...)
> I, mesto svoje sudbe, sa užasima novim,
> susrećem davni život, bolan, i prozračan.
> A, kroz ovu zemlju, svilenu i prozirnu,
> čim, uplašeno, spustim devojačko telo,
> kroz maslinu mirnu,
> vidim, daleko, opet, lišće svetlo
> i zavičaj oblačan.

„Nastavljam sudbu" ne znači seobu duša (o čemu sam već pisao), nego neraskidivu vezu među dvoje nosilaca iste ideje, znači ovaploćenje sumatraizma. Dokaz je ponovo apostrofiranje prolaznosti ljudske ponovo simbolično prikazane Homerovim rasutim, mrtvim lišćem, mada se ovdje moraju imati u vidu i Brankovi stihovi

> Lisje žuti veće po drveću
> Lisje žuto dole veće pada,
> Zelenoga više ja nikada
> Videt neću!

na koje Crnjanski aludira pjevajući o Brankovoj smrti.

Već implicirana u gore navedenoj strofi, ljubav, kao što sam već pisao, ima značajno mjesto u sumatraizmu pa je sasvim logično da ovakva jedna sinteza sumatraizma kao jedan od elemenata mora sadržati i nju, ljubav, direktno ukazujući na njenu funkciju u sumatraizmu i na posljedice njenog uticaja na život:

> Jer ljubav će moja pomešati, tajno,
> po svetu, sve potoke, i zore,
> i, spustiti na život, vedro, i beskrajno,
> i kod nas, nebo, i senku Fruške gore.
>
> I, tako, bez zvuka,
> smeh će moj padati, sa nebeskog luka.
> I, tako, bez vrenja,
> za mnom će život u trešnje da se menja.

ili kroz ljubav doživljenu pjesničku katarzu od komplikovanosti njegove ličnosti, koja je uslovljena svakodnevnim životom:

> Već davno primetih da se, sve, razliva,
> što na brda zidam, iz vode i oblaka,
> i, kroz neku žalost, tek mladošću došlom,
> da me ljubav slabi, do slabosti zraka,
> providna i laka.

U stihovima:

> I ovde, bez boje tajne,
> nijedne voćke nema,
> nebesne one boje, gorke i beskrajne.

nalazimo one ezoterične sadržaje koje boja sobom nosi o kojima je pisao Bašelar, da bi se poema završila, kao i život, slutnjom smrti.

Pored poeme *Stražilovo,* posebno ovdje treba spomenuti esej *Novi oblik romana* koji predstavlja programsku orjentaciju Crnjanskove literature i u kojem se svi elementi književnosti prelamaju kroz elemente sumatraizma.

Sumatraizam nije sve ono što na pravi pogled liči na njega. Kada se govori o sumatraizmu, potrebno je naglasiti jednu vrlo bitnu stvar: SUMATRAIZAM NIJE UZROČNOST, NEGO POVEZANOST iz koje uzrok i posljedica tek proizlaze. Kad Crnjanski piše:

„Njeno je čelo smešno, tako bolno, naborano, umoreno; možda što je majka, možda što mene voli."[12],

to nije eksplicirani sumatraizam. Frazom iskazani sumatraizam (iz istog djela, *Dnevnik o Čarnojeviću*) je ovo:

„Oni ne vole mene, a ja mrzim njih."[13],

gdje je istaknuta samo povezanost dva djela koja su obostrani i uzrok i posljedica, gdje nijedna strana nije superiorna nad drugom jer se nalaze u jedinstvu u kome su oba elementa podjednako važna i bez čije veze to jedinstvo ne bi opstalo. Kada bi navedena fraza glasila: oni ne vole mene jer ja mrzim njih, ili: zato što oni ne vole mene, ja mrzim njih, to ne bi bio sumatraizam. Crnjanski to definiše u *Kod Hiperborejaca:*

„Ja sam u Neapolj išao da još jedanput vidim Herkulanum. A u iskopanom Herkulanumu, da vidim jednu kuću. Samo te jedne kuće radi. A u toj kući samo jedne male slike radi. Na toj slici, na zidu, u Herkulanumu – koji na Kordobu liči – ima mala freska Vezuva. Iz vremena kad je vulkan zatrpao Pompeju i Herkulanum.

Ta mala slika, nežnih boja, slikana je kao da su je slikali Kinezi. Može li to da mi protumači?

Domaćin mi kaže, da su to moja uobraženja. Pre dve hiljade godina nije bilo, između Italije i Kine, nikakvih veza. Ako ih je čak i bilo, onda to može biti samo uticaj Rima, u Aziji, a ne obrnuto.

Ja ne kažem obrnuto. Ja ne kažem uticaja. Kažem veza."[14]

Sumatraizam nije sve što postoji, odnosno nije apsolut kao kategorija. On je ona apsolutna veza koja omogućava da je sve što postoji jedinstven apsolut. Crnjanski je sumirao. SUMA – ZBIR, POVEZANOST svih elelmenata življenja, bitisanja, u jedinstvo univerzuma. SUMA – SUMATRAIZAM, INTE-GRISANJE. Iz zadanih derivacija života Crnjanski je integralnim računom svoje literature, sumatraizmom, tražio nepoznatu funkciju, suštinu bitisanja. SUMATRAIZAM – TO JE UNIVERZALNA I VRHUNSKA KOMUNIKACIJA, MEDIJUM SPORAZUMIJEVANJA UNUTAR APSOLUTA.

Opus Miloša Crnjanskog jeste vavilonski zigurat, pun medijumskih zidova, fontana i visećih vrtova, on je spiralna evalacija apsoluta preko vrhunske komunikacije koja vodi sređivanju komunikacijske zbrke prkoseći Jahveu i nastavljajući tamo gdje su stali Nojevi potomci, nosioci prve univerzalne komunikacije među ljudima.[15] Na njegovom se vrhu, kao i na vrhu vavilonskog tornja nalazi jedinstvo svih suprotnosti, nerazdvojna cjelina apsoluta spiralno povezana sumatraizmom.

---

[1] Kod Crnjanskog ništa nije slučajno i svaka dublja analiza njegovih radova otkriva čitaocu neke elemente koje je potrebno proučiti, povezati i tako dobiti temelj na kome je izgrađeno njegovo djelo. Primjera radi, pokušaću vaspostaviti, dubinskom analizom, vezu između imena likova u *Seobama* i predodređenost njihovih karaktera tim imenima, odnosno, simboliku aktera u događajima iz *Seoba,* koja po svojoj prirodi čini jedan element kohezionog jedinstva i čvrstine u strukturi romana.

Sadržaj romana iskazan je i stavom i načinom razmišljanja pisca koji sa vremenske distance gleda na događaje, ali i stavom i načinom razmišljanja aktera u tim događajima, odnosno, taj sadržaj je prelomljen i kroz prizmu religiozne svijesti koja je sasvim normalna (gotovo obavezna) kod ljudi koji su živjeli u to vrijeme (XVIII vijek). To nas upućuje na odgovor odakle je Crnjanski uzeo imena za svoje likove, ali tako da bi ona bila funkcionalna za njihove karaktere i, samim tim, za strukturu romana, a posebice za filozofsku raspravu koja treba da roman, u tom pogledu, odvede u sumatraizam. Dakle, odakle je Crnjanski uzeo imena likova u *Seobama?* Da bi se odgovorilo na to pitanje, potrebno je osvrnuti se na judaizam i hrišćanstvo i, komparativnom metodom, naći prave izvore nomenklature likova u *Seobama.*

Samo prezime Isakovič, koje nose svi glavni akteri romana, pa su time obilježeni nekom zajedničkom karakteristikom, nastalo je od hebrejskog imena Isak koje etimološki vuče korjen od hebrejske riječi ishak (on se smije). Biblijska priča o Isaku (Prva Mojsijeva knjiga 22, 1-13/ kaže da ga je njegov otac Avram umalo ubio i prinio kao žrtvu Jahveu koji je to spriječio, ali je na taj način htio iskušati Avramovu odanost. Ta priča, u stvari, govori o jevrejskom običaju da božanstvima žrtvuju svoje provorodene sinove. U starosemitskoj religiji žrtvovanje djece igralo je važnu i jezivu ulogu, a legende o tome produžile su se u biblijskoj priči o Avramovoj žrtvi i u jevrejskoj priči o pashi. Ljudske žrtve bogovima bile su česte i u Polineziji, Meksiku i Fenikiji. U antroploškim studijama pokušao sam naći odgovor na pitanje: šta je pravo značenje žrtve? Da je ona samo odraz odanosti bogu, ne može me zadovoljiti. Zato mislim da su francuski sociolozi u pravu kad su u žrtvi vidjeli posrednika za ostvarenje veze između ljudi i bogova. Preko žrtve može se doći do bogova, postati kao oni, čak ih i pokoriti svojoj volji. Upravo to i jeste onaj pravi odgovor koji me ovdje interesuje. Ta veza koju žrtva predstavlja jeste ona povezanost između čovjeka i onog nečeg što je izvan njega i što vlada njegovom sudbinom (tako se fenomen žrtve uklapa u sumatraizam), a što je on nazvao bogom. Tu se nalazi i odgovor na pitanje kako se prezime Isakovič uklapa u sumatraizam Miloša Crnjanskog. Naime, obred žrtvovanja djece u hrišćanstvu je tako neraskidivo povezan sa Isakovim imenom da će ga i Crnjanski ponovo oživjeti u porodičnoj tragediji koja prati one koji nose to prokletstvo u imenu cijele porodice – Isakovič. Vuk Isakovič izgubiće i ženu, „gospožu" Dafinu, i treće dijete na porodu; Pavle Isakovič takođe će izgubiti i ženu, Katinku Petričevič, i svoje prvo dijete, na porodu; Petar Isakovič izgubiće sina prvenca. Istina je da Trifun i Đurđe Isakovič nisu izgubili svoju mušku prvorođenu djecu, ali isto tako ne treba zaboraviti da Trifunova žena Kumrija nije prvih godina braka nikako mogla roditi dijete (*Seobe II,* str. 88), a i to da Đurđe dodaje svom prezimenu Zereminski (*Seobe III*, str. 320). Ni Isak Isakovič, marginalni lik *Seoba* (kome je, sudeći po pismima koja je Crnjanski pisao prije izlaska *Seoba* Vasi Stajiću, predsjedniku „Matice srpske", trebalo pripasti mnogo značajnije mjesto u ovom romanu), nije imao djece.

Tako cijela porodica Isakovič u *Seobama* simbolizuje društvenu žrtvu koju prinosi srpski „nacion" za svoj bolji život.

Crnjanski, dakle, pod zajednički nazivnik lične nesreće, čije neminovnosti nisu svjesni, svodi glavne junake *Seoba,* da bi zatim pojedinačnim imenima uslovio njihove lične karaktere i opredijelio životne postupke.

Pavle Isakovič je ekvivalent Pavla iz Tarza, proroka i ideologa sekte pulinista, te, po predanju, i osnivača hrišćanstva. Osobine Pavla iz Tarza: naglost karaktera, vatrena retorika, smisao za organizaciju i mističnost zanesenog gnostika, lako su primenljive na Pavla Isakoviča. I Pavle Isakovič, kao i onaj iz Tarza, rukovodi se jednostavnim razmišljanjem, razumljivim svakom čovjeku, zastupnik je ljubavi na kojoj treba da se zasnivaju veze među ljudima:

„(...) a uvideo je, koliku snagu imaju, u ljudskom životu, ljubavi (...) pomisliti da bi ljubav ljudska trebalo da ima trajanje večnosti (...)" (*Seobe III,* str. 193)

Jedna od značajnijih karakteristika u životu i jednog i drugog Pavla jesu mnoga putovanja. I jednog i drugog bacili su u tamnicu, ali ih je, obojicu, spasilo svojstvo državljana druge zemlje itd. Gnoza, nastala u vrijeme apostola (bratenci Pavla Isakoviča često ga apostolom nazivaju), ipak predstavlja najsnažniju vezu među ovom dvojicom. Gnostički simbolizam i misticizam zastupljeni su u velikoj mjeri u „filosofičeskim" razmatranjima Pavla Isakoviča. Ali Crnjanski je u njegovoj svijesti razvio i gnostički sistem o dva principa: princip dobra i princip zla koji su uzrok i iz kojih proizlazi sve što postoji, sistem po kome se gnosticizam i razlikuje od hrišćanstva.

„Veterinar mu je odgovorio samo da postoji večita borba dobra i zla." (*Seobe II,* str. 197.)

„Zlo, u njegovim sunarodnicima, zlo, učinilo se Isakoviču, na tom putu u Rosiju, glavni uzrok, da toliko nesreće ima – u svetu, u kom je dotle živeo." (*Seobe III,* str. 176)

„Nije ni sanjao, da je on, za Pavla Isakoviča, bio doživljaj, koji je Isakoviča dotukao. Nije mu više bila kriva Austrija, nije mu više kriv bio Beč, ni Božič, niti mu je bila kriva Božička, nego oni, sami, sebi, Serbi, i bivši Serbi, sunarodnici, zli dusi." (*Seobe III,* str. 134-135)

„Mrak je u životu – samo je veselost što svetli." (*Seobe III,* str. 98)

„Veselje u životu, učini mu se da je, jedino, čoveka, dostojno." (*Seobe III,* str. 177)

„A veselost je osnova svake mudrosti i kulture na svetu." (*Kod Hiperborejaca I,* str. 378)

Treba, isto tako, imati na umu da sumatraizam nije ni fatalizam, a ni elemenat religijske doktrine, odnosno, nije produkt religiozne svijesti. Prefinjena je razlika između njih (jer sve univerzalne kategorije, po svojoj prirodi, moraju imati neke sličnosti, otuda u ovom radu i ima dosta doktrinarnih paralela), zar u opusu Crnjanskog nema i dosta dijalektike – u njegovoj literaturi sve teče i sve se mijenja, razlika koja je vrlo uspješno podcrtana u vješto izbalansiranom sumatraizmu kao posebnoj kategoriji. Crnjanski će preko svojih junaka, dovodeći ih u posebna ekstatična i meditativna stanja u kojima se oslobađaju svih naturenih doktrina, povući tu značajnu granicu razlike, huleći na ono čemu sumatraizam ne pripada:

Vuk Isakovič:

„Ne završi, jer mada beše otežao kao bure, od vina, pomisli da govori što ne treba govoriti. Uplašen i ražalošćen, klonu, i pokuša da zabašuri sve na taj način, da je poricao sve... jer uzaludno je sve, prah, smert, sueta suetstva... prazdne reči... a kad se umire, umire se kao pas i konj. Pri tom pokuša da ustane i da pođe. Duše nema... kao što ni Boga nema... živimo uzalud... prah... smert... prazdne reči." (*Seobe I*, str. 157)

Pavle Isakovič:

„Vidi mu se kaže da neke mađije vladaju u ljudskom životu, a ne Bog, niti volja ljudska." (*Seobe III*, str. 475)

Petar Isakovič:

„Pavle je Petra video, posle bitke, na konju, u snegu, pre sedam godina, posle jednog juriša na husare đenerala koji se zvao Šever, a povlačio, kroz jednu strašnu šumu, iz Praga. Nije bilo hladnijeg, hrabrijeg, mirnijeg, ponositijeg, oficira, među sirmijskim husarima, u tim okršajima, od tog mladog korneta, Petra.

Sad je morao da ga gleda, izbezumljenog, uplakanog, na zemlji, na kolenima, sa detetom podignutim prema nebu, koje je psovao, hulio, zajedno sa Bogom u nebesima. Urlikao je od bola." (*Seobe III*, str. 346)

Zbog toga i kletve, na primjer, koje se obistinjuju (prokletstvo koje prati Petra Isakoviča u *Seobama* prouzrokovano, kako on misli, kletvom njegovog tasta Stritceskog) nisu samo puki elementi praznoverja religiozne svijesti koje Crnjanski ugrađuje u filozofsku strukturu svoga djela, nego on tim fenomenom upotpunjuje atmosferu življenja u tom vremenu, način onovremenog poimanja događaja u životu uslovljenih ezoteričnim komunikacijama, odnosno postiže autentičnost u prikazivanju načina i atmosfere življenja u vremenu o kojem piše, što sam već napomenuo.

Iz istih razloga će Crnjanski *Seobe*, pa i *Roman o Londonu*, napisati jezikom koji predstavlja mješavinu mnogih jezika koji su tada bili u modi u Evropi, osim maternjeg jezika likova, te će sam jednim poliglotskim bućkurišom približiti originalnu onovremenu komunikaciju među ljudima. Oba ova primjera (a mogli bi se naći još neki, srebro, na primjer, o čemu sam pisao) po istorijskom romanu Crnjanskog prevlače patinu autentičnosti.

Da se, poslije ove digresije, vratimo na genezu imena junaka *Seoba*.

Kao što će Pavle iz Tarza uticati na negativna svojstva naravi Petra, glavnog Hristovog apostola, tako će Pavle Isakovič izazvati i izvući u prvi plan negativne karakteristike prirode svog bratanca Petra Isakoviča. Petar je, po priči, mudar čovjek koji je svoju kuću sagradio na kamenu. Petar Isakovič je od svih svojih bratanaca oženio najbogatiju djevojku, te tako, u materijalnom smislu, ima i najtvrdi temelj na kome će graditi svoj život.

Đurđe Isakovič očigledno je dobio ime po Đorđu, Juraju, hrišćanskom mučeniku koji se smatra zaštitnikom vitezova ratnika. (I svetog Đorđa, junaka koji ubija zmaja, Krstaši su kao i dvoglavog orla, donijeli u Evropu vraćajući se iz Male Azije.) Njegova odlika je i velika mladost. Otuda je i Đurđe Isakovič najmlađi među bratancima, ali i sa najvišim činom u vojsci, najpriznatiji ratnik.

Ovo bi bile samo neke od pojedinosti koje bi se mogle otkriti dubinskom analizom Crnjanskovih djela koje svojom kauzalnošću njegovu literaturu čine zgusnutom, bez narativnih praznina, te joj afirmišu životnu vjerodostojnost u povezanosti njenih elemenata.

2 *Kod Hiperborejaca II,* str. 197.
3 Isto, str. 201.
4 *Eseji,* str. 14–15.
5 Isto, str. 51.
6 *Eseji,* str. 249.
7 Isto, str. 232.
8 *Seobe II,* str. 83.
9 Isto, str. 165.
10 *Seobe II,* str. 190.
11 *Putopisi,* str. 435.
12 *Proza,* str. 46.
13 Isto, str. 46.
14 *Kod Hiperborejaca I,* str. 368.
15 Ovdje se misli na Nojeve sinove: Jafeta, Sema i Hama, prema čijim imenima su nazvane tri najšire jezičke grupe: jafetitska (indoevropska) jezička grupa, semitski (hebrejski) jezik, hamidska (afrička) jezička grupa.

INDEKS IMENA

SADRŽAJ

Izdavačko preduzeće
RAD
Beograd, Moše Pijade 12

*

Glavni urednik
Jovica Aćin

*

Za izdavača
Zoran Vučić

*

Lektor
Miladin Ćulafić

*

Tehnički urednik
Dušan Vujić

*

Korektor
Nada Gajić

*

Dizajn korica
Miloš Majstorović

Realizacija korica
Aljoša Lazović

*

Priprema teksta
Grafički studio RAD

*

Štampa
SZR „METEM", Sopot